EDUARDO GARCIA CAMPOS

VIRANDO A MARÉ

Como a neurociência pode mudar sua vida

© EDUARDO GARCIA CAMPOS, 2025
© BUZZ EDITORA, 2025

Publisher **ANDERSON CAVALCANTE**
Coordenadora editorial **DIANA SZYLIT**
Editor-assistente **NESTOR TURANO JR.**
Analista editorial **ÉRIKA TAMASHIRO**
Estagiária editorial **BEATRIZ FURTADO**
Preparação **VICTÓRIA GERACE**
Revisão **BONIE SANTOS E DANIELA GEORGETO**
Projeto gráfico e diagramação **EDUARDO OKUNO**
Capa **OSMANE GARCIA FILHO**
Assistente de design **LETÍCIA DE CÁSSIA**
Imagem de capa **SUBBOTINA ANNA / ADOBE STOCK**

Nesta edição, respeitou-se o novo Acordo Ortográfico da Língua Portuguesa.

Dados Internacionais de Catalogação na Publicação (CIP)
(Câmara Brasileira do Livro, SP, Brasil)

Campos, Eduardo Garcia
    Virando a maré : Como a neurociência pode mudar
sua vida / Eduardo Garcia Campos. — 1ª ed. — São
Paulo : Unno Buzz, 2025.

    ISBN 978-65-5393-454-2

    1. Autoajuda   2. Autoconhecimento
3. Desenvolvimento pessoal 4. Neurociência
5. Poder da mente I. Título.

25-266814   CDD-158.1

Índice para catálogo sistemático:
    1. Neurociência das emoções 158.1

Eliete Marques da Silva - Bibliotecária - CRB-8 / 9380

Todos os direitos reservados à:
Buzz Editora Ltda.
Av. Paulista, 726, Mezanino
CEP 01310-100, São Paulo, SP
[55 11] 4171 2317
www.buzzeditora.com

Agradecimentos

Dedico este livro aos maiores heróis da minha vida, **Anivaldo Silva Campos** e **Lizete Garcia Campos**, meus pais, cuja ausência física jamais apagou a presença moral e afetiva em cada decisão que tomei. Eles me ensinaram que a mente é forte, mas o coração é sagrado.

Foram eles que, com mãos calejadas e alma gigante, ergueram os alicerces do meu caráter, mesmo quando o mundo parecia ruir. Foram eles que me ensinaram a não abaixar a cabeça, a não aceitar a injustiça, a não deixar de sonhar.

Tudo que escrevo, faço e conquisto carrega, em essência, a herança invisível que eles deixaram em mim. Esta obra é, antes de tudo, um tributo à coragem deles.

Neste espaço, deixo apenas os nomes deles — não por falta de outros, mas por profundo respeito, reverência, homenagem e enorme gratidão a quem moldou, com suor e renúncia, os alicerces da minha existência. A vocês todo o meu respeito, sempre! Obrigado por tudo!

Outros nomes me habitam, me fortalecem, me elevam. Mas foi com os deles que aprendi, desde cedo, a caminhar com dignidade em meio ao caos, a resistir quando tudo parecia ruir e a nunca negociar meus princípios.

Por isso, esse gesto não exclui — apenas honra, profundamente, quem acendeu em mim a primeira chama.

À doce presença constante que me acompanha no silêncio dos dias e no entrelaçar dos destinos, onde o amor se manifesta mais nos gestos que nas palavras, e ao sangue do meu sangue, herdeiro do meu nome e dos meus sonhos, cuja existência é, por si só, uma promessa de continuidade e esperança.

Aos meus irmãos, que dividem comigo raízes e recomeços.

E àqueles que me cercam com lealdade e constroem comigo mais que projetos: constroem propósito — especialmente minha equipe, que sonha grande ao meu lado.

Este livro é um convite para quem, como eu, não nasceu com tudo, mas decidiu virar a maré.

Sumário

Prefácio .... • 9

Introdução .... • 13

1. A base da transformação .... • 17

2. O poder do córtex pré-frontal .... • 27

3. Sistema límbico: o maestro das emoções .... • 37

4. Muito prazer, hipocampo .... • 45

5. Núcleo accumbens: o pulsar da sua motivação ..... • 51

6. Córtex cingulado anterior: o guardião do foco e da resolução de conflitos .... • 59

7. Emoções e o cérebro: a neurociência dos sentimentos .... • 69

8. Plasticidade emocional: transforme desafios em oportunidades .... • 79

9. Áreas associativas: o teatro da integração e da estratégia .... • 87

10. Estratégias cerebrais para navegar pelas adversidades da vida .... • 93

11. Neurociência e espiritualidade .... • 99

12. Neurociência e determinação .... • 107

13. Neurociência e liderança: o cérebro no comando ..... • 117

14. A neurociência por trás das conexões humanas ..... • 125

15. Neurociência, carreira e realização profissional ..... • 135

16. Sua mente por trás das decisões econômicas ..... • 145

17. Tomada de decisões sob pressão .... • 153

18. O sono como pilar da saúde cerebral .... • 161

19. Como o cérebro se alimenta de mudanças .... • 167

20. Como conectar seu cérebro ao corpo para viver melhor .... • 175

21. Como o cérebro navega pelo certo e errado ...... • 181

Conclusão .... • 189

Prefácio

"VAI. E SE DER MEDO, VAI COM MEDO MESMO."

Não há frase que melhor represente o momento exato em que a coragem precisa se manifestar. E é exatamente essa coragem — silenciosa, persistente, verdadeira — que marca a trajetória do dr. Eduardo Garcia Campos.

Sua história é um exemplo vivo de superação. Coragem para suportar. Coragem para enfrentar. Coragem para não desistir, não desanimar — e, sobretudo, para continuar.

As credenciais do dr. Eduardo impressionam. Doutorado em ciências jurídicas pela PUC, com múltiplas graduações e especializações na área jurídica e neurocientífica. Maestro, musicoterapeuta, músico registrado pela OMB. Empresário, professor, consultor, escritor, palestrante e executivo — um profissional que conquistou o sucesso em todas as áreas em que se propôs a atuar, por mérito próprio.

Mas o que mais chama atenção vai além do currículo: é a capacidade de se reinventar.

Como médico psiquiatra, tive a oportunidade de debater, em conversas aprofundadas, os aspectos neurobiológicos envolvidos no processo de superação. Fiquei impressionado ao ver como o dr. Eduardo conecta, de forma simples e eficaz, as descobertas da neurociência — que tanto estudo em minha prática clínica — com a realidade de quem enfrenta desafios diários. A firmeza científica do que ele compartilha me convenceu de que não estamos diante apenas de um relato pessoal, mas de uma verdadeira síntese entre teoria e prática.

Mais uma vez, ele se supera. Ao unir sua experiência de vida com o estudo profundo da neurociência, entrega ao leitor não apenas argumentos científicos, mas também vivências que comprovam que é possível recomeçar. Mesmo quando tudo parece desfavorável.

Com entusiasmo, o dr. Eduardo mergulha nos estudos acadêmicos da neurociência e, com excelência, buscou no mundo acadêmico/científico uma formação que despertou nele uma nova paixão. A paixão por entender a mente. Por compartilhar esse conhecimento. Por mostrar, com clareza, que é possível transformar a própria realidade.

Em nossas conversas, discutimos muitas coisas, entre elas, como a plasticidade cerebral, por exemplo, explica por que algumas pessoas conseguem encontrar forças onde parecia não haver nenhuma. Tem sido inspirador ver como ele transpõe esse embasamento teórico para aplicações práticas, tornando a neurociência acessível a qualquer leitor disposto a virar a própria maré.

Em *Virando a Maré*, ele aborda com profundidade temas como superação, resiliência e motivação. E, através de sua escrita, conduz o leitor a uma nova compreensão: a vida é dinâmica, e a transformação é possível quando nos abrimos para novos pensamentos e experiências.

Como disse o apóstolo Paulo em Romanos 12:2: "Sejam transformados pela renovação da vossa mente".

Essa transformação — essa metanoia — é o convite deste livro.

Após a leitura de *Virando a Maré*, dificilmente sua vida será a mesma. E isso não é uma promessa vazia. É um chamado real à mudança.

Que este chamado — embasado tanto na ciência quanto na experiência real de alguém que superou barreiras pessoais e profissionais — inspire você a descobrir, na renovação da mente, o início de um novo destino.

Dr. Marco Aurélio de Carvalho

CRM 52110084-0

Médico psiquiatra, formado pela Universidade Federal do Pará, com especialização em Psiquiatria. Atuou como diretor-geral na Unidade Municipal de Pronto Atendimento no Rio de Janeiro; atualmente, exerce plantões atende em emergências pediátricas e psiquiátricas e dirige um centro médico multidisciplinar, liderando equipes de várias especialidades. Militar reformado, também é escritor, palestrante e empresário investidor na área de desenvolvimento de suplementos voltados à saúde cerebral. Ao lado de suas atividades, unindo conhecimento científico e experiência clínica para promover bem-estar, permanece em pleno exercício como médico psiquiatra.

Introdução

Quando os resultados parecerem distantes e a vontade de desistir se tornar forte, lembre-se: os frutos são a última coisa a crescer numa árvore. Nesses momentos, a perseverança é essencial. Mesmo quando você não deseja continuar, é ao seguir em frente que seu cérebro se fortalece, aumentando sua força de vontade e sua resiliência. A cada passo, você supera o pessimismo e a ansiedade, remodelando sua mente para focar o processo, não apenas o resultado. Não desista agora; você está mais perto do que imagina!

Imagine-se no coração de uma das maiores favelas do Brasil, um lugar onde a vida floresce nos becos e vielas e os sonhos travam batalhas diárias contra uma realidade dura e implacável. Eu nasci no Parque União, na favela da Maré, Zona Norte do Rio de Janeiro, um complexo de dezessete favelas ao longo da emblemática avenida Brasil, à beira da baía de Guanabara, que hoje abriga mais de 140 mil pessoas.

Minha história começou com uma tragédia: antes de mim, meus pais tiveram um filho, Marco Antônio, que, ainda bebê, morreu afogado ao cair nas profundas e imensas águas traiçoeiras de mar e esgoto embaixo do barraco onde vivíamos. Essa perda dolorosa marcou profundamente a família e a minha infância. Cresci como o mais velho de seis irmãos, sempre carregando a ideia de fazer minha mãe superar a dor e tentando ser o braço direito do meu pai, um homem caladão e igualmente sofrido pela perda precoce do Marquinho. Essa tragédia nos acompanhou por muito tempo.

Viver na Maré, e literalmente sobre a maré, sempre me pareceu um exercício constante de resiliência. As ruas eram labirintos de cheiros e sons — o sal do mar e o odor do esgoto se misturavam com o cheiro do algodão-doce vendido nas esquinas. O barulho constante das crianças brincando, os gritos dos ambulantes, o chacoalhar do caminhão de gás em que os meninos se penduravam com a coragem imprudente da infância e o pagode que ecoava das janelas conferiam um ritmo próprio à comunidade. Pelo menos aos meus olhos de criança.

A presença de indivíduos envolvidos na criminalidade frequentemente criava um ambiente de tensão, mas naqueles tempos a Maré também era um lugar de sonhos e de fantasias. A comunidade mantinha uma identidade cultural forte, marcada pelos blocos de carnaval, como o Boca da Ilha, e pela solidariedade entre os moradores, que se uniam nas rezas do terço comandadas pelo meu pai, muito religioso. Nas festas do extinto clube Basílio, na realidade um grande terraço cimentado sem muita infraestrutura, os jovens se reuniam nos fins de semana para dançar e namorar. Cada amanhecer trazia novos desafios, mas nos olhos dos moradores se via a determinação de encarar a vida com garra e coragem.

Cresci observando minha mãe preparar comida num fogareiro e escutando as histórias de vida contadas pelos meus avós e pelos vizinhos, que saíam cedo da Maré para trabalhar longe dali. Mais tarde eu entenderia que, mesmo nas condições mais adversas, a mente humana possui um imenso poder de transformar desafios em resultados. Veja, aquele garotinho da Maré cresceu, virou advogado, venceu na vida e, agora, décadas depois, pode afirmar com toda a certeza: a jornada para alcançar suas metas tem início dentro do seu próprio cérebro. Com uma capacidade incrível de adaptação, sua mente é como um terreno fértil, pronta para germinar conquistas. Este livro, portanto, é um convite para que você explore comigo esse poder, independentemente das circunstâncias que enfrente atualmente ou tenha vivenciado no passado.

Além de alguns episódios da minha própria história, vou oferecer a você algumas ferramentas práticas, todas fundamentadas em sólidas evidências científicas, para que possa pôr o conhecimento em ação. Ao terminar a leitura, espero que você se olhe no espelho e finalmente veja a melhor versão de si mesmo, aquela que sempre soube que existia. Minha trajetória é prova de que, por mais difíceis que sejam as circunstâncias, com os comandos certos, a mente tem o poder de reescrever nosso destino.

Que você utilize esse conhecimento para construir um futuro brilhante e repleto de conquistas, tornando-se cada vez mais forte. Se eu consegui, você também consegue!

Bem-vindo a esta aventura cerebral.

1

A base da transformação

Assim como no cérebro, a verdadeira transformação começa de dentro para fora.

Tenho certeza de que você está se perguntando: "Por que Eduardo decidiu estudar neurociência depois de já ter construído uma carreira próspera e bem-sucedida como advogado?". Essa é uma pergunta que ressoa profundamente em mim, e acredito que a resposta vai fazer sentido para você. Ao longo da minha vida, enfrentei adversidades que exigiram muito mais do que simples persistência; precisei de uma compreensão profunda de como funcionamos por dentro. Foi essa necessidade que me levou a investir na minha educação, transformando-a na minha arma mais poderosa contra as barreiras invisíveis que a vida impôs durante minha juventude. Estudar neurociência foi um passo natural para mim, porque eu queria entender como consegui transformar dificuldades em oportunidades. Sabia que minha mentalidade tinha um papel crucial nisso, mas faltava entender o "porquê" e o "como" — eu precisava fazer o caminho inverso, da prática para a teoria. O que começou como uma curiosidade logo se tornou uma verdadeira paixão.

Hoje, minha identidade vai além de ser apenas um advogado. Depois de conquistar um doutorado em Ciências Jurídicas e me tornar autor de livros, abracei também a carreira de neurocientista. A cada novo capítulo da minha vida, não só me esforcei para superar as expectativas que o mundo depositava sobre mim, mas também me dediquei a redefini-las com base nos meus próprios anseios. Foi aí que a neurociência emergiu como um farol no meio do oceano, orientando-me através das incertezas e iluminando os caminhos que levaram ao autoaperfeiçoamento, à minha realização pessoal e, principalmente, à superação de muitos obstáculos.

Mas o que exatamente é a neurociência? A palavra parece estar na moda, mas, na verdade, poucos conhecem seu real significado. Quero que você imagine o cérebro humano como uma vasta floresta, na qual cada neurônio é uma árvore, interligada às outras por trilhas sinuosas chamadas sinapses, que são os galhos. A neurociência atua como um explorador dessa floresta, desvendando caminhos secretos e conexões invisíveis que permitem o florescimento de pensamentos, o surgimento de emoções e o enraizamento de memórias. Poético, não é? Para mim, a neurociência é a cartografia dos mistérios da mente, mapeando como nossos cérebros processam experiências, se adaptam a novos aprendizados e se reconstroem após as tempestades da vida. Ao estudar essas sinapses, ganhamos as ferramentas necessárias para navegar pelo vasto e intrincado território da mente humana, descobrindo os mecanismos ocultos que regulam a existência.

Seu cérebro, essa entidade fascinante dentro da sua cabeça, é o maestro de uma grande orquestra, coordenando todas as suas ações, percepções e emoções. Quando começamos a entender sua estrutura e suas funções básicas, passamos a valorizar não apenas como funcionamos, mas também como podemos aprimorar esse mecanismo.

Primeiro, é importante saber que o cérebro é dividido em várias regiões, cada uma especializada em funções distintas. No córtex cerebral, por exemplo, encontramos áreas responsáveis pelo processamento sensorial, pelo pensamento crítico e pelo planejamento. Já o tronco cerebral regula funções vitais, como a respiração e a frequência cardíaca, enquanto o cerebelo coordena nossos movimentos e mantém o equilíbrio.

Um exemplo interessante disso é o dos músicos profissionais. Aqueles que praticam intensamente apresentam o córtex auditivo e o motor significativamente mais desenvolvidos, o que ilustra como atividades específicas podem moldar a estrutura cerebral. Um pianista ou violinista, por exemplo, pode ter essa região bem maior do que alguém que não gosta de música. E mesmo que você nunca tenha tocado um instrumento musical (exceto talvez a campainha, como se costumava brincar!), atividades como aprender um novo idioma, jogar xadrez ou até mesmo resolver palavras cruzadas também podem estimular seu cérebro de maneiras semelhantes. Durante a minha infância, enquanto praticava piano e órgão, eu estava, sem perceber, fortalecendo essas áreas do meu cérebro, o que beneficiou minha capacidade de concentração e memória.

A neurociência também é fundamental para o desenvolvimento pessoal, porque nos oferece insights valiosos sobre como otimizar nossas capacidades mentais. Ao entender melhor o funcionamento do nosso cérebro, podemos potencializar essas habilidades e criar um caminho mais eficiente para alcançar nossos objetivos, além de viver melhor.

Mesmo que a música não faça parte da sua vida como faz da minha desde muito jovem, o simples ato de desafiar sua mente com novos aprendizados pode trazer benefícios semelhantes. E é mais simples do que parece: você pode estudar um novo idioma, montar quebra-cabeças ou resolver palavras cruzadas, jogar jogos de estratégia como xadrez ou sudoku, ler sobre temas novos, participar de atividades artísticas como pintura ou escultura e, claro, aprender a tocar um instrumento!

Uma palavra que está em evidência nesse campo é "neuroplasticidade". Esse termo se refere à capacidade que nosso cérebro tem de se reorganizar em resposta ao aprendizado e à experiência. Esse conceito transformou meu entendimento a respeito do assunto, ao deixar claro que o cérebro nunca é estático; ele é capaz de continuar mudando (para melhor) ao longo da vida, se devidamente exercitado. Pacientes que sofreram derrames, por exemplo, conseguiram recuperar funções perdidas ao praticar tarefas repetitivamente, um fenômeno conhecido como reabilitação neuroplástica. Uma área pode ter sido prejudicada, mas outras células estão lá esperando para entrar em ação.

A adaptabilidade do cérebro é impressionante em situações de aprendizado contínuo ou quando superamos desafios significativos. Certa vez, li um estudo sobre como taxistas londrinos, antes de aplicativos como o Waze, de geolocalização, precisavam memorizar uma vasta quantidade de ruas e rotas, contando somente com a própria mente. Esses profissionais apresentaram um aumento significativo no volume do hipocampo, região do cérebro associada à navegação espacial e à memória. Embora eu concorde que o uso de aplicativos e da inteligência artificial seja útil, experimente dirigir observando a rota com seus próprios olhos, sem depender totalmente de um recurso navegador externo. Isso pode ser um bom exercício para sua mente! Além disso, já notou como hoje em dia ninguém mais decora números de celular? A agenda de contatos está armazenada dentro de nossos dispositivos. Se os perdermos ou formos roubados (espero que não!), corremos o risco de não lembrar nem mesmo o nosso próprio número. Isso serve para reforçar o fato inegável de que desafiar a mente a memorizar informações importantes pode ser um excelente método para manter sua memória afiada por muitos anos.

Pessoalmente, cada desafio que enfrentei — desde trabalhar, ainda garoto, na barraca de bebidas do meu pai dentro da Maré até conquistar um doutorado em direito — moldou meu cérebro de maneiras que eu jamais poderia imaginar. Essas experiências contínuas de aprendizado e adaptação reforçaram a capacidade do meu cérebro de crescer e se adaptar a circunstâncias e contextos variados. Da mesma forma, enquanto você lê e absorve essas informações, seu cérebro já está se expandindo, criando novas conexões neurais e fortalecendo sua própria capacidade de adaptação e aprendizado. Não é fascinante?

Mas não é suficiente buscar o conhecimento; é preciso entender profundamente como ele interage com nossa essência, como as conexões neurais se moldam com cada nova descoberta. É ao explorar esses caminhos interiores que encontramos as respostas para os desafios que a vida impõe. E, como um explorador determinado, você tem a capacidade de não apenas trilhar esses caminhos, mas também redesenhar o mapa da sua própria existência.

Agora, vamos falar sobre resiliência — a habilidade de se recuperar rapidamente de dificuldades ou situações desafiadoras. Voltemos ao exemplo do aplicativo de navegação. Imagine a resiliência como o GPS que sabe exatamente onde você está e para onde deseja ir; quando você encontra um obstáculo inesperado ou uma estrada bloqueada, esse dispositivo recalcula a rota, encontrando novos caminhos para chegar ao seu destino em segurança. Psicologicamente, a resiliência reflete a nossa competência ao enfrentar desafios e sair deles sem grandes arranhões, buscando novas rotas e alternativas para alcançar nossos objetivos sem esmorecer por causa de eventuais desvios. Neurologicamente, isso envolve vários sistemas cerebrais, incluindo o córtex pré-frontal e o sistema límbico, que ajudam a regular nossas respostas emocionais e comportamentais em situações estressantes.

Agora vem a informação mais importante! Assim como o GPS adapta a rota em tempo real, a resiliência não é apenas uma característica inata; é uma habilidade que pode ser desenvolvida e aprimorada com a prática e a experiência, permitindo a você navegar pelas adversidades com mais eficácia e confiança, sem grandes sobressaltos.

Durante a minha própria jornada, houve momentos em que precisei lidar com situações difíceis, como a perda de um negócio que eu havia ajudado a criar. Mas isso forçou meu cérebro a trabalhar para encontrar alternativas para sustentar minha esposa e meu filho. Cheguei a vender enciclopédias Barsa de porta em porta, andava curvado dentro de vans superlotadas e gastava muita sola de sapato quando não tinha dinheiro nem para pagar a van. Não digo isso para me enaltecer, e sim para que você saiba que todo mundo passa por pequenos ou grandes perrengues, mas mesmo nesses momentos nossa mente está aprendendo a se superar. Pense naquela criança da palafita, depois no garoto que precisava quebrar lenha no machado para esquentar as fornalhas das padarias de madrugada e ajudar o pai padeiro transformando-se em um respeitado advogado. Assim como eu, você também tem esse poder. É justamente essa capacidade de adaptação e superação que a neurociência estuda e explica, oferecendo ferramentas para melhorar nossa qualidade de vida. Ao compreender e aplicar esses princípios, você passa a enxergar a vida com outros olhos, com mais foco e menos ansiedade.

Assim como a barraca de bebidas onde meu pai e eu trabalhávamos dentro da comunidade para sobreviver, as barracas da vida não são apenas estruturas físicas ou negócios de esquina. São os lugares onde enfrentamos nossos maiores desafios, nossos medos mais profundos e as adversidades que muitas vezes parecem intransponíveis. Olhando para trás, percebi que a barraca não era somente um lugar de fazer dinheiro. Era também um símbolo. Foi onde aprendi o significado de resiliência, de resistência e, acima de tudo, de esperança.

Todos nós temos nossas barracas. São os espaços metafóricos onde enfrentamos os desafios que nos testam e nos moldam. Para alguns, uma barraca pode ser o emprego que parece consumir todas as energias. Para outros, pode ser um relacionamento que exige sacrifícios ou um sonho que parece estar sempre fora de alcance. E, para a maioria, a barraca pode ser a própria luta pela sobrevivência — seja emocional, financeira ou espiritual.

Quantas vezes você já sentiu que a vida levou algo importante de você? Quantas vezes o sistema — fosse ele um chefe injusto, uma situação inesperada ou até mesmo suas próprias limitações internas — tirou o que você havia construído com tanto esforço?

Esses momentos não têm cor, classe ou endereço. Eles não escolhem entre quem tem dinheiro e quem não tem. O peso dos problemas não é medido pelo que você possui, e sim pelo impacto que eles promovem em sua vida. A barraca de cada pessoa é única, mas a sensação de perda, injustiça ou fracasso é universal. Todos carregam suas barracas, com pesos diferentes, mas igualmente reais.

A neurociência nos ensina que somos mais fortes do que acreditamos. Quando enfrentamos adversidades, nosso cérebro ativa uma série de mecanismos para nos ajudar a nos adaptar e a crescer. Alguns deles, por exemplo, são os seguintes:

- Circuitos de aprendizado pela adversidade: quando você enfrenta dificuldades, seu cérebro cria conexões neurais para encontrar soluções e se preparar para desafios futuros. Isso significa que, mesmo nos momentos mais difíceis, você está aprendendo e se fortalecendo.

- Sistema reticular e foco nas soluções: filtra as informações que recebemos, destacando o que é mais importante para nossa sobrevivência e nosso crescimento. Quando você se concentra em resolver um problema, seu cérebro começa a priorizar soluções e oportunidades.

- Neuropeptídeos e resiliência emocional: ao lidar com situações difíceis, nosso corpo libera substâncias que ajudam a regular as emoções e nos impulsionam a continuar. É como se a própria biologia nos empurrasse para a frente, mesmo quando queremos parar. Portanto, não se deixe levar pelo pensamento de que uma situação difícil nunca vai passar. Vai passar, sim!

Comece agora mesmo a treinar seu cérebro para se adaptar melhor às mudanças e se recuperar rapidamente das adversidades. Quais são as barreiras invisíveis que você está enfrentando no seu dia a dia? Agora, imagine aplicar os princípios da neurociência para transformar esses desafios em oportunidades de crescimento. Em lugar de focar os problemas, pense nas suas pequenas vitórias cotidianas, como aprender algo novo ou lidar com um obstáculo inesperado, como trocar um pneu ou consertar aquela torneira que não parava de pingar. Até mesmo essas pequenas tarefas moldam seu cérebro e fortalecem sua resiliência.

Nos próximos capítulos, vou detalhar como funcionam outras áreas do nosso cérebro, apresentar ferramentas poderosas para exercitá-las e mostrar como você pode incorporá-las na rotina para maximizar seu potencial e alcançar uma vida mais plena e equilibrada.

DICA:

Para treinar seu cérebro a ser mais resiliente, experimente mudar pequenos hábitos do seu dia a dia. Tente, por exemplo, escovar os dentes com a mão não dominante, rearranjar os móveis da sua sala ou até cozinhar uma receita nova de olhos fechados (com segurança, claro!). Essas mudanças sutis ativam o córtex pré-frontal, a área do cérebro responsável por planejamento e tomada de decisões, forçando-o a criar novas conexões neurais. Quando você desafia seu cérebro a fazer algo de maneira diferente, ele se reconfigura, fortalecendo as sinapses e melhorando sua capacidade de adaptação. Esse processo, chamado de neuroplasticidade, permite que você se torne mais flexível e criativo diante de desafios inesperados. Com o tempo, essas pequenas práticas ajudam a construir um cérebro mais resiliente, preparado para enfrentar situações difíceis com maior tranquilidade e eficácia.

2

O poder do córtex pré-frontal

O córtex pré-frontal é o maestro silencioso que orquestra nossas escolhas, transformando possibilidades em realidade. Cada decisão, cada planejamento, é uma nota nessa sinfonia de pensamentos e ações que nos leva do conceito à concretização. Quando você treina essa região do cérebro, está afinando seu próprio instrumento de liderança e controle. É aí que o poder real reside — na capacidade de criar, transformar e realizar seus objetivos mais desafiadores, um passo cuidadosamente calculado de cada vez.

Você já se perguntou como tomamos decisões, planejamos o futuro e executamos nossos planos? A resposta está no córtex pré-frontal, uma região fascinante do nosso cérebro, muitas vezes referida como o CEO da mente. Essa área desempenha um papel crucial na tomada de decisões, no planejamento e na execução de ações. Neste capítulo, vou explicar como essa parte do cérebro funciona e como você pode usar esse conhecimento para melhorar sua vida nas mais diversas áreas.

No centro de cada desafio que enfrentamos, uma verdadeira orquestra cerebral está em plena ação. Cada região do cérebro toca sua própria melodia, criando uma sinfonia de resiliência, aprendizado e conquista. É como se, agora mesmo, na sala de concertos da minha mente, a música da neuroplasticidade estivesse tocando uma composição poderosa. Imagine que, a cada nova experiência, seu cérebro está afinando seus instrumentos — ajustando a maneira como você pensa, aprende e reage às emoções. Cada decisão que você toma, cada memória que se forma e cada emoção que você gerencia são como notas dessa música, trabalhando juntas para te ajudar a superar adversidades e alcançar o sucesso. É essa coordenação intrincada, mas harmoniosa, que permite que você continue avançando, aprendendo e se adaptando, mesmo diante dos desafios mais difíceis.

Escrever sobre isso realmente me emociona, porque destaca o quanto somos privilegiados por termos um cérebro tão poderoso e adaptável. Você e eu carregamos dentro de nós essa incrível capacidade de transformar nossas vidas, superar desafios e alcançar nossos objetivos, mesmo quando as coisas ficam difíceis. Entender o papel do córtex pré-frontal é como encontrar a chave para liberar todo esse potencial.

Pense no córtex pré-frontal como o gerente de projetos do seu cérebro. Ele é o responsável por tomar decisões, avaliar diferentes opções e escolher o melhor caminho. Essa parte do cérebro é essencial para tudo, desde as pequenas escolhas do dia a dia até grandes decisões, como escolher uma carreira ou decidir sobre um relacionamento. Lembro-me de quando precisei escolher entre continuar trabalhando na padaria da minha família ou sair e me virar por conta própria. Foi uma situação difícil, mas meu córtex pré-frontal esteve ali, pesando os prós e contras de cada opção, analisando cuidadosamente as possibilidades. Foi essa parte do cérebro que me permitiu tomar uma decisão informada, baseada em uma reflexão profunda e racional sobre o que era melhor para o meu futuro, apesar dos sobressaltos.

O córtex pré-frontal, portanto, é o maestro dessa orquestra, guiando o espetáculo da vida com uma destreza invisível, mas inigualável. Cada decisão que tomei para gerenciar a crise na padaria ou para voltar aos estudos não foi apenas um ato de vontade, mas um conjunto de acordes que ressoavam pelas complexas redes neurais, reforçando minha capacidade de planejar e regular minhas emoções diante dos desafios que se desdobravam como uma partitura diante de mim. E a verdade é que todos nós fazemos isso o tempo todo, muitas vezes sem sequer perceber.

Agora mesmo, você pode estar pensando se deve levantar da cadeira para tomar um copo d'água, um refrigerante ou uma cerveja. Seu córtex pré-frontal está em pleno funcionamento, avaliando suas opções, pesando os prós e contras de cada escolha e ajudando a decidir entre seguir sua vontade imediata ou aplicar o raciocínio lógico, como ao lembrar que beber água é melhor para sua saúde.

Além de tomar decisões, o córtex pré-frontal é fundamental para o planejamento e a execução de ações. É ele que nos permite criar estratégias para alcançar nossos objetivos e seguir esses planos de maneira organizada. Quando decidi voltar a estudar, precisei planejar cuidadosamente como equilibrar trabalho, estudos e vida familiar. Por exemplo, tive que dividir meu tempo entre as responsabilidades do trabalho vendendo enciclopédias e os horários das aulas, muitas vezes estudando até tarde da noite. Esse planejamento foi fundamental para minha sobrevivência emocional e financeira, já que eu não tinha dinheiro suficiente para pagar as mensalidades e precisava encontrar maneiras criativas de economizar e ganhar mais. Foi necessário mapear cada passo durante os cinco anos da faculdade, desde a escolha da instituição até a gestão do meu tempo e das finanças. A capacidade de desenvolver um plano eficaz me permitiu não apenas cumprir essas obrigações, mas também prosperar em meio aos problemas, mesmo que isso significasse sacrificar noites de sono para garantir que tudo estivesse no lugar.

Mas sabe qual foi a minha sorte? Eu já vinha treinando meu córtex pré-frontal havia muito tempo! Antes de pensar em voltar aos estudos, quando assumi, como sócio do meu pai, a padaria — localizada em uma região nobre da Barra da Tijuca —, ela estava praticamente falida, com baixa clientela e produtos de pouca qualidade. Lembro-me do desespero inicial e da necessidade urgente de transformar o negócio ou não sobreviveríamos nem ao primeiro ano.

Naquele momento, eu precisava de um plano sólido para reverter a situação. Comecei com uma análise detalhada das finanças, identificando áreas de desperdício e oportunidades de melhoria. Sabia que precisaria não apenas de um bom plano, mas de uma execução impecável. Assim, implementei novas estratégias de marketing, redefini o público-alvo e melhorei a qualidade dos pães, bolos e biscoitos. A padaria se transformou em uma delicatéssen próspera e meu cérebro ajustou cada detalhe ao longo do caminho.

Mais tarde, precisei novamente de toda a habilidade do córtex pré-frontal para enfrentar um caso complexo no direito. Eu precisava agradar meu cliente e obter um bom resultado, pois dependia disso para fechar o contrato. Como advogado, mapeei uma estratégia detalhada para a defesa, começando com a análise minuciosa das provas e indo até a preparação cuidadosa dos argumentos para a petição que seria enviada ao juiz. Cada etapa foi planejada e executada com precisão, resultando em um veredicto favorável, mesmo quando muitos acreditavam que a causa estava perdida. Esses momentos me ensinaram que, com o córtex pré-frontal bem-treinado e preparado, desafios que parecem impossíveis podem ser superados.

Existem várias ferramentas que podemos usar para melhorar o desempenho do nosso córtex pré-frontal, e a definição de metas SMART é uma das mais eficazes. O córtex pré-frontal é a parte do cérebro responsável por funções executivas, como planejamento, tomada de decisões e controle de impulsos. Quando você estabelece metas específicas (Specific), mensuráveis (Measurable), alcançáveis (Achievable), relevantes (Relevant) e com prazo (Time-bound), está fornecendo ao seu córtex pré-frontal um roteiro claro e estruturado para alcançar seus objetivos.

Metas SMART ajudam a organizar o pensamento e a canalizar os recursos mentais de forma eficiente, permitindo que o córtex pré-frontal opere de maneira mais focada e produtiva. Quando suas metas são bem definidas, o córtex pré-frontal consegue priorizar tarefas, monitorar o progresso e ajustar estratégias conforme necessário, evitando o desgaste mental que ocorre quando as metas são vagas ou inatingíveis. Essa abordagem estruturada reduz a carga cognitiva, facilitando a execução das tarefas e ajudando a manter o controle e a motivação ao longo do processo. Com metas SMART, você não apenas melhora sua eficiência, mas também fortalece a capacidade do córtex pré-frontal de lidar com desafios complexos de forma organizada e eficaz. Isso ajuda a manter o foco e a motivação. Por exemplo, ao assumir a padaria da Barra, a meta SMART poderia ser: "Aumentar as vendas mensais em 20% nos próximos seis meses através da introdução de novos produtos e campanhas de marketing". Essa meta é específica (aumentar as vendas), mensurável (20%), alcançável (com um plano sólido), relevante (para a sobrevivência do negócio) e com prazo (seis meses).

Listas de tarefas são extremamente úteis para melhorar o desempenho do córtex pré-frontal. Quando você usa listas diárias ou semanais para organizar suas atividades, está ajudando o córtex pré-frontal a gerenciar melhor seu tempo e seus recursos mentais. Isso garante que você não se esqueça de coisas importantes e economize energia mental, já que não precisará parar constantemente para pensar no que precisa fazer a cada momento.

Durante a recuperação da padaria, por exemplo, criei listas diárias de tarefas que incluíam ações como verificar os estoques, monitorar as vendas, conversar com fornecedores e organizar promoções. Sempre que eu completava uma tarefa da lista, sentia uma sensação de progresso, e meu córtex pré-frontal conseguia focar a próxima etapa com clareza e propósito. Essas listas estruturadas permitiam que eu visualizasse o caminho a seguir, facilitando a tomada de decisões e reduzindo a ansiedade associada à sobrecarga de informações.

Além disso, listas de tarefas ajudam a evitar a procrastinação, um dos maiores desafios para o córtex pré-frontal. Ao dividir grandes metas em pequenas tarefas diárias, você transforma objetivos intimidadores em passos gerenciáveis, tornando mais fácil para o córtex pré-frontal manter o foco e a motivação ao longo do tempo. Mapas mentais são outra ferramenta poderosa que complementa essa abordagem, ajudando a visualizar e conectar ideias de maneira que o cérebro possa processar e organizar de forma mais eficiente. Para criar um mapa mental, pode ser útil seguir as seguintes etapas:

- Começar com uma ideia central: no centro de uma folha de papel, escreva a ideia ou o objetivo principal. Pode ser uma meta, um problema a ser resolvido ou um projeto.
- Desenvolver ramos principais: desenhe linhas partindo da ideia central, cada uma representando um tópico ou meta relacionado. Por exemplo, se a ideia central for "defesa legal", os ramos principais podem ser "argumentos", "evidências", "testemunhas" e "contra-argumentos".
- Adicionar sub-ramos: a partir dos ramos principais, desenhe sub-ramos que detalhem os componentes específicos de cada tópico. Sob "evidências", você poderia ter sub-ramos como "documentos", "depoimentos" e "provas materiais".
- Usar palavras-chave e imagens: escreva palavras-chave em cada ramo e sub-ramo para manter as ideias claras e concisas. Use imagens ou ícones para visualizar conceitos e tornar o mapa mais intuitivo.
- Conectar ideias relacionadas: se houver conexões entre diferentes ramos ou sub-ramos, desenhe linhas ou setas para indicar essas relações. Isso ajuda a ver como diferentes partes do seu plano ou problema se interconectam.
- Revisar e ajustar: à medida que você trabalha com seu mapa mental, revise e ajuste conforme necessário. Adicione novos ramos, remova ou modifique sub-ramos e mantenha o mapa atualizado.

Quando eu estava preparando a defesa daquele meu cliente importante, usei mapas mentais para organizar os argumentos, evidências e possíveis contrarrazões do oponente, o que me permitiu ter uma visão clara e abrangente do caso. O mapa mental me ajudou a garantir que todos os aspectos fossem cobertos e que a defesa fosse apresentada de maneira coesa e lógica, pois eu não tinha margem para erros.

Agora que exploramos como essa parte do cérebro desempenha um papel crucial na nossa capacidade de planejar e tomar decisões, vamos nos aprofundar no sistema límbico, que está no centro das nossas emoções e respostas instintivas.

DICA:

O córtex pré-frontal é a parte do cérebro responsável por funções executivas, como planejamento, tomada de decisões e controle de impulsos. Quando você se sente tentado a agir impulsivamente — seja comprando algo desnecessário ou respondendo de forma agressiva em uma discussão —, o córtex pré-frontal entra em cena para avaliar as consequências e controlar esses impulsos. Aproveite esse poder que seu cérebro tem. Da próxima vez que sentir a urgência de agir sem pensar, pare por um momento e respire. Permita que seu córtex pré-frontal faça o trabalho de avaliar as opções e escolher a resposta que melhor se alinhe com seus objetivos e valores. Com a prática, você vai perceber que esse breve momento de pausa pode transformar sua vida.

O córtex pré-frontal também desempenha um papel importante na sua capacidade de manter o foco e resistir a distrações. Em um mundo repleto de estímulos constantes, manter a concentração em uma tarefa pode parecer quase impossível. Quando você perceber que sua mente está vagando ou sendo atraída por algo que desvie sua atenção, lembre-se de que é o córtex pré-frontal que ajuda a redirecionar seu foco. Pratique trazer sua atenção de volta para a tarefa em mãos, gentilmente, sem se frustrar. Essa habilidade de regular sua atenção é como um músculo que se fortalece com o tempo. Quanto mais você a exercitar, mais fácil será manter a concentração e alcançar seus objetivos, sem se deixar levar pelas distrações ao redor.

3

Sistema límbico:
o maestro das emoções

As emoções são a música da alma, e o sistema límbico é o maestro que conduz essa sinfonia interna. Cada experiência que toca as cordas do coração ressoa através dessa complexa rede cerebral, transformando momentos de tensão em acordes de aprendizado e crescimento. Quando você compreende e abraça esse poder emocional, descobre que até as notas mais graves podem ser transformadas em melodias de superação e resiliência. No fim, é o sistema límbico que nos ensina a dançar conforme a música da vida, encontrando harmonia em cada desafio.

Gosto de pensar no sistema límbico como a seção de cordas emocionais da nossa orquestra cerebral. Ele fica bem no centro do cérebro, quase como o coração emocional do nosso ser. Nos momentos mais difíceis da minha vida, posso dizer que meu sistema límbico vibrava com intensidade, como um violoncelo tocando notas profundas e carregadas de sentimento. Cada cobrança, cada obstáculo que enfrentei, ressoava como essas notas graves, ecoando dentro de mim.

Lembro-me de quando estava prestes a enfrentar um processo judicial para defender meu pai em uma causa comercial — a ansiedade e a pressão que senti naquela época eram quase esmagadoras. Eu queria provar a ele que era um advogado competente, e isso mexia profundamente comigo. Mas também houve momentos de puro êxtase, como quando finalmente consegui vencer aquele caso. Cada emoção, cada vitória ou derrota, reverberava como um acorde no meu sistema límbico, me ensinando a persistir e a transformar o medo e a pressão em energia para seguir em frente.

O sistema límbico, especialmente a amígdala e o hipocampo, desempenha um papel crucial na formação e na recuperação de memórias emocionais, fundamentais para o aprendizado e a adaptação. Por exemplo, quando passei por aquele período difícil em que quase perdi tudo na padaria da família, foi o sistema límbico que gravou essas experiências em minha memória. Esse registro emocional não só me ajudou a lembrar do que deu certo e do que deu errado, mas também me fortaleceu para enfrentar futuros desafios. Estudos mostram que esse sistema fica especialmente ativo durante eventos emocionalmente intensos, ajudando a gravar essas experiências na memória de longo prazo, como uma espécie de manual de sobrevivência emocional que você carrega para sempre consigo.

Dentro dessa sinfonia emocional, o núcleo accumbens, uma pequena estrutura situada na base do cérebro, é o solista que espera seu momento de brilhar. Cada pequena vitória — seja pagar uma dívida, ganhar um caso difícil ou até mesmo receber um elogio por um bom trabalho — é como uma apresentação triunfante! Sabe por quê? A dopamina, um neurotransmissor liberado pelo cérebro nesses momentos, funciona como o aplauso de que precisamos para continuar. Essa sensação de recompensa me motivava a seguir em frente durante cada etapa do processo judicial, sempre buscando a próxima nota perfeita.

Por tudo isso, o sistema límbico entra como o coração emocional dessa orquestra cerebral. Cada vez que você sente medo, alegria, frustração ou alívio, é o sistema límbico que está no comando, ajudando você a aprender e a se adaptar. Assim como me ensinou a transformar momentos de tensão em oportunidades de crescimento, ele também pode ser a chave para sua resiliência emocional.

Percebe como sua mente é poderosa? Você é o maestro da sua própria orquestra cerebral, dono de um cérebro incrível que processa cada pensamento, decisão e emoção. Sim, seu cérebro foi projetado para vencer! Imagine as possibilidades quando você entende e aproveita esse poder. Cada desafio que você enfrenta passa a ser uma oportunidade de crescimento e sucesso, não mais um problema e obstáculo intransponível.

Essa realidade ficou clara para mim quando decidi deixar um emprego estável em um renomado escritório de advocacia. Eu tinha sugerido a criação de uma nova área no negócio, mas, por motivos que desconheço, a proposta não foi adiante. Com isso, percebi que era hora de trilhar meu próprio caminho. A neurociência explica que, em momentos de grandes mudanças, nosso cérebro ativa mecanismos de proteção. Regiões como a amígdala, associada ao medo, enviam sinais de alerta. No entanto, é o córtex pré-frontal, responsável pelo planejamento e pela tomada de decisões, que pode nos ajudar a redirecionar esses sinais. O segredo está em como escolhemos reagir: focando a oportunidade em vez de sucumbir ao temor.

Com a decisão de sair do escritório, encarei um universo de incertezas. Eu tinha uma família para sustentar, dívidas a pagar e muitas dúvidas a enfrentar. Nesses momentos, o cérebro libera cortisol, o hormônio do estresse, o que pode nos paralisar. Porém, à medida que enfrentamos o desafio e persistimos, começamos a estimular a neurogênese — a criação de novos neurônios. Assim, cada passo rumo ao desconhecido contribui para o nosso crescimento cerebral e emocional. Abri meu próprio escritório com recursos limitados, mas com uma visão clara. Desde jovem, observando meu pai administrar padarias, aprendi que os percalços são inevitáveis, mas também são oportunidades de aprendizado. A neurociência aponta que o fracasso, quando encarado de forma positiva, ativa redes neurais associadas à resiliência, fortalecendo nossa capacidade de adaptação e superação.

Algum tempo depois, recebi uma proposta desafiadora: liderar o departamento jurídico de uma grande empresa em crise. O projeto envolvia um passivo trabalhista imenso e uma estrutura empresarial em reestruturação. A tarefa exigia não apenas habilidades técnicas, mas também a capacidade de liderar sob pressão. Assumir a liderança em um ambiente onde fui inicialmente visto com desconfiança foi um teste de paciência e empatia. As críticas eram constantes, mas eu sabia que precisava focar a construção de boas relações. Estudos mostram que a liberação de oxitocina — o hormônio do vínculo — é fundamental para estabelecer confiança em equipes. Com isso em mente, desenvolvi um programa de treinamento para supervisores e líderes, mostrando como o direito podia ser uma ferramenta de gestão, não apenas uma arma coercitiva. Esses treinamentos não apenas reduziram o passivo trabalhista, mas também fortaleceram a cultura organizacional. A aplicação de soluções colaborativas, aliada à educação, estimulou a liberação de dopamina — o neurotransmissor da motivação — em todos os envolvidos, criando um ciclo de engajamento e produtividade.

Com o tempo, meu papel na empresa se expandiu. O CEO da época reconheceu meu trabalho e, em um momento crucial, me convidou a assumir a liderança da organização. Embora surpreso, aceitei o desafio. Lembro de noites em claro tentando descobrir como pagar contas e reestruturar departamentos. Mas, sempre que eu encontrava uma solução, mesmo que pequena, meu cérebro me recompensava, ou seja, eu ficava feliz e comemorava, pois comemorar cada vitória, independentemente do tamanho, é muito importante. Cada conquista libera endorfina e serotonina, neurotransmissores que nos dão essa sensação de felicidade e realização. Isso é neurociência pura.

No próximo capítulo, vamos explorar mais a fundo outras áreas do nosso extraordinário equipamento mental.

DICA:

Use a "técnica dos 90 segundos" para lidar com emoções intensas.

Quando sentir raiva, ansiedade ou frustração, dê a si mesmo noventa segundos antes de reagir. Esse é o tempo médio que uma emoção leva para percorrer o corpo antes de começar a se dissipar, se você não a alimentar com pensamentos. Durante esses segundos, respire profundamente, conte mentalmente ou beba um copo d'água. Essa pausa ajuda o sistema límbico a se acalmar e permite que o córtex pré-frontal — responsável pelas decisões racionais — assuma o controle. Garanto que você vai se surpreender com o poder dessa simples espera.

4

Muito prazer, hipocampo

Pequeno no tamanho, gigantesco na função: o hipocampo é o centro da memória, da navegação e da nossa capacidade de aprender.

Agora que você já tem certeza de que o cérebro é uma máquina fascinante, cheia de complexidades, vale destacar uma estrutura essencial: o hipocampo. Ele funciona como uma verdadeira bússola interna, guiando nossa capacidade de formar e acessar memórias, além de nos ajudar a nos situar no espaço ao nosso redor.

Localizado no lobo temporal medial, o hipocampo tem a forma de um cavalo-marinho — como indica o nome, derivado da palavra grega *hippókampos*. Mas não se deixe enganar pelo seu tamanho modesto. Essa pequena estrutura desempenha um papel gigantesco na nossa vida diária. O hipocampo é essencial para a formação de novas memórias. Pense nele como um arquivista dedicado, recebendo as informações sensoriais do nosso entorno e decidindo o que será armazenado a longo prazo e o que pode ser descartado. Sem ele, seríamos incapazes de criar novas lembranças, ficando presos em um eterno presente, como acontece com pessoas que têm amnésia anterógrada.

Além de armazenar memórias, o hipocampo é vital para nossa navegação espacial. Essa navegação refere-se à capacidade do cérebro de perceber, entender e lembrar a localização de objetos e o nosso próprio posicionamento no ambiente ao nosso redor. É a habilidade que nos permite criar mapas em nossa mente para nos orientar em diferentes espaços, como encontrar o caminho em uma cidade, lembrar onde estacionamos o carro no shopping ou até mesmo nos mover dentro de nossa própria casa. Lembra daqueles taxistas de Londres que mencionei antes? O fato de eles terem um hipocampo maior é uma prova de como essa estrutura é importante para a navegação espacial.

· 47 ·

Uma das características mais fascinantes do hipocampo é sua plasticidade. O hipocampo, em particular, pode gerar novos neurônios por intermédio de um processo chamado neurogênese, especialmente em resposta a experiências enriquecedoras e ao aprendizado. Por exemplo, quando aprendemos uma nova habilidade ou nos envolvemos em atividades cognitivamente desafiadoras, como aprender a jogar xadrez, o hipocampo responde reforçando as conexões sinápticas e promovendo o crescimento de novos neurônios. Isso significa que, ao manter nossa mente ativa, podemos fortalecer e expandir o hipocampo.

Minha carreira como advogado e negociador para grandes empresas exigiu constantemente essa adaptabilidade. Cada caso novo, cada negociação complexa, não apenas desafiou a minha capacidade cognitiva, mas também fortaleceu meu hipocampo. Lembro-me de uma negociação particularmente difícil com uma multinacional, em que eu precisava lembrar detalhes intrincados de contratos e estratégias jurídicas enquanto mantinha a clareza mental e a presença de espírito, para não perder nenhum detalhe crucial. Esse tipo de atividade intensiva ajuda a manter o hipocampo ágil e resiliente, por mais que ninguém se dê conta disso.

Entretanto, nem tudo são flores para o hipocampo. Ele é também altamente sensível ao estresse. Situações de estresse crônico podem levar à liberação excessiva de cortisol, um hormônio capaz de danificar as células do hipocampo e prejudicar sua capacidade de formar e recuperar memórias antigas. É por isso que práticas como a meditação e o *mindfulness*, que reduzem o estresse, são tão benéficas para a saúde do hipocampo. Ao gerenciar a tensão de um modo eficaz, protegemos essa estrutura tão importante e asseguramos seu funcionamento a pleno vapor.

Então, o que mais você pode fazer a fim de cuidar de seu precioso hipocampo e fortalecê-lo? Além de aprender algo novo e praticar meditação, como já dito, praticar exercícios físicos regularmente (como caminhar, correr ou nadar); garantir um sono de qualidade; e manter uma dieta balanceada rica em antioxidantes, ácidos graxos, ômega-3 e flavonoides é providencial.

Devo dizer que a minha paixão por colecionar e restaurar carros antigos também tem ligação com o hipocampo. A memória de cada detalhe, a história por trás de cada veículo e até o processo de restauração exigem um trabalho intenso de memória e aprendizado contínuo. É fascinante como nosso cérebro se adapta e se fortalece através de atividades que nos apaixonam, sejam elas profissionais ou pessoais.

A pesquisa sobre o hipocampo está em constante evolução. Cientistas vêm explorando novas maneiras de promover a neurogênese (o surgimento de novos neurônios) e proteger o hipocampo dos efeitos do envelhecimento. Terapias inovadoras, como a estimulação cerebral profunda e técnicas avançadas de neurofeedback, vêm sendo estudadas para tratar condições como a depressão e o transtorno de estresse pós-traumático, que afetam negativamente o hipocampo.

Para ilustrar ainda mais a importância do hipocampo, gostaria de compartilhar uma outra história pessoal. Houve um período em minha vida em que enfrentei um estresse significativo e senti como se meu mundo estivesse desmoronando. Durante aquele período, notei que minha memória estava falhando e minha capacidade de me concentrar havia diminuído drasticamente. Foi quando decidi buscar maneiras de fortalecer meu hipocampo. Comecei a praticar meditação diariamente, logo ao despertar, e voltei a estudar novos assuntos. Também me comprometi a desenvolver uma rotina de exercícios físicos, coisa que eu vinha adiando. Aos poucos, comecei a notar uma melhora na minha memória e ganhei mais clareza mental, o que levou à diminuição do estresse. Essa experiência me ensinou que, mesmo nas situações mais difíceis, devemos moldar e fortalecer nosso cérebro.

Então, lembre-se de que, assim como eu, você também pode transformar sua vida através do fortalecimento do hipocampo. Ao adotar práticas simples que estimulam e protegem essa estrutura incrível, você construirá uma base sólida para uma mente mais saudável.

DICA:

Use o poder da visualização para melhorar sua memória: antes de dormir, dedique alguns minutos para visualizar o seu dia, como se estivesse revivendo os momentos mais importantes. Ao fazer isso, você ativa o hipocampo, reforçando as memórias e ajudando a consolidá-las enquanto dorme. Essa prática simples pode melhorar sua capacidade de lembrar detalhes importantes e aumentar a clareza das suas lembranças.

Integre aromas à sua rotina de aprendizado: nosso olfato está fortemente ligado ao hipocampo. Tente associar diferentes aromas a tarefas ou informações que você precisa memorizar. Por exemplo, use um perfume específico enquanto estuda para uma prova ou pratica uma nova habilidade. Depois, ao sentir esse mesmo aroma, seu hipocampo será ativado, ajudando a trazer à tona as informações que você estudou ou praticou, reforçando a retenção de memória.

Aprimore também sua memória com o "jogo da recriação": sempre que estiver em um ambiente novo, como um restaurante ou uma reunião, desafie seu hipocampo recriando mentalmente o espaço quando sair de lá. Tente se lembrar da disposição dos móveis, das cores das paredes ou dos rostos das pessoas. Esse exercício não só estimula o hipocampo, mas também aprimora sua capacidade de memorização espacial, tornando você mais atento aos detalhes ao seu redor.

5

Núcleo accumbens: o pulsar da sua motivação

No núcleo accumbens, cada pequena vitória é uma centelha que acende a chama da motivação. É aqui que o cérebro celebra as conquistas, grandes ou pequenas, transformando o esforço em prazer e reforçando a vontade de continuar. Quando você aprende a reconhecer e valorizar esses momentos, por menores que sejam, descobre que o verdadeiro sucesso é construído não em grandes saltos, mas em passos consistentes de determinação. A cada meta atingida, o núcleo accumbens pulsa, lembrando que o caminho para o topo é pavimentado por celebrações diárias.

A motivação é uma força poderosa que nos impulsiona a alcançar nossos objetivos, e no coração dessa força está o núcleo accumbens. Derivado do verbo latino *"accumbere"*, que significa "deitar-se próximo" ou "inclinar-se para", o termo "accumbens" é usado para denominar essa estrutura porque ela aparenta estar deitada ao lado de algumas regiões do cérebro. Mais importante, no entanto, é saber que essa pequena região do cérebro desempenha um papel importante na regulação do prazer e da recompensa, atuando como o pulsar da nossa motivação. Celebrar pequenas vitórias é essencial para manter essa chama acesa. Estabelecer um sistema de recompensas pessoais pode transformar completamente sua trajetória de sucesso, reforçando comportamentos positivos e incentivando a continuidade dos seus esforços.

Vamos tomar como exemplo a história de Sylvester Stallone. Antes de se tornar uma estrela de cinema, o ator norte-americano enfrentou enormes dificuldades financeiras. Em um dos momentos mais desesperadores de sua vida, teve que vender seu amado cachorro, Butkus, por apenas cinquenta dólares para conseguir pagar suas contas. Imagine quanto isso deve ter doído em alguém que amava tanto seu animal de estimação. Mas

Stallone não desistiu. Ele continuou escrevendo roteiros, determinado a mudar sua vida.

Em certo momento, ele escreveu o roteiro de *Rocky, um lutador* (John G. Avildsen, 1976) em apenas três dias. Quando finalmente conseguiu vender o roteiro, insistiu em protagonizar o filme, mesmo enfrentando inúmeras rejeições. Cada pequena vitória ao longo desse caminho, como completar o roteiro ou conseguir uma reunião com um produtor, era um impulso que o mantinha motivado. Quando *Rocky, um lutador* foi produzido e se tornou um sucesso, Stallone pôde comprar Butkus de volta, pagando 15 mil dólares ao novo dono. Esse retorno simbólico foi uma grande vitória para ele, reforçando que suas pequenas conquistas ao longo do caminho realmente valeram a pena.

Celebrar pequenas conquistas é essencial para manter a motivação. Estabelecer um sistema de recompensas pessoais pode transformar completamente sua trajetória, reforçando comportamentos positivos e incentivando a continuidade dos esforços.

Lembre-se: não importa o tamanho do seu objetivo, comemorar cada passo que você dá em direção a ele é o que mantém a chama da motivação acesa. Então, qual será sua próxima pequena vitória a ser celebrada?

Imagine começar o dia definindo um pequeno objetivo. Algo simples, como completar uma tarefa no trabalho, praticar um hobby ou até mesmo fazer uma caminhada. Ao alcançar esse objetivo, recompense-se de forma significativa. Pode ser uma pausa para um café especial ou uma sessão extra do seu passatempo favorito. Cada sucesso, por menor que seja, ativa o núcleo accumbens, liberando dopamina e reforçando o comportamento positivo.

Eu mesmo, por exemplo, adoro ouvir canções com letras motivacionais para relaxar e me recompensar. Uma das minhas favoritas é "Alagados", dos Paralamas do Sucesso, que traz uma mensagem de resistência e resiliência. Após alcançar um objetivo, coloco minhas músicas favoritas para tocar, aproveitando o momento para recarregar as energias e celebrar a conquista. Estudos de neurociência mostram que ouvir música libera dopamina no cérebro, aumentando a sensação de prazer e motivação. Um estudo da Universidade McGill, no Canadá, descobriu que a música pode aumentar os níveis de dopamina em até 9%.[1]

Para fortalecer a motivação, é essencial dedicar um momento para refletir sobre as experiências passadas que podem ter moldado negativamente nossa autoimagem e nossa capacidade de avançar. Assim, não apenas identificamos esses momentos, mas também nos preparamos para transformá-los em fontes de força.

Procure explorar as profundezas de suas memórias e identificar situações em que você pode ter se sentido desvalorizado, criticado ou incapaz. Pode ter sido um comentário desmotivador de um professor, uma avaliação injusta no trabalho ou mesmo a falta de reconhecimento de suas realizações. Refletir sobre esses momentos é um passo importante para reprogramar sua mente e transformar essas experiências em motivação.

Pense, por exemplo, em um momento no trabalho em que seu esforço não foi reconhecido ou em que críticas severas pareceram minar sua confiança e seu desempenho. Como isso afetou sua motivação no longo prazo? Ou então relembre uma ocasião na escola ou na universidade na qual você se sentiu incapaz ou excluído. Essas experiências moldaram sua percepção de aprendizado e crescimento? E, nas relações pessoais, considere momentos em que você se sentiu subestimado. Como isso impactou sua autoestima e sua disposição para tomar iniciativas?

---

1 M. Pessiglione et al. "Dopamine-dependent prediction errors underpin reward-seeking behaviour in humans". *Nature*, Londres, v. 442, pp. 1042-5, 2006; W. Schultz. "Predictive reward signal of dopamine neurons". *Journal of Neurophysiology*, Bethesda, v. 80, n. 1, pp. 1-27, 1998.

Durante os dias difíceis em que lutei para salvar a padaria da falência, enfrentei críticas severas e dúvidas, não apenas de outros, mas também internas, de parentes e amigos. Houve momentos em que me senti completamente desmotivado, questionando meu próprio valor e minhas capacidades. Lembro-me de noites insones, trabalhando incansavelmente, enquanto o medo do fracasso me assombrava. Mas foi nesse momento que descobri o poder de celebrar pequenas vitórias. Cada fornada bem-sucedida, cada cliente satisfeito, se tornou motivo de comemoração e ajudou a manter minha motivação, até mesmo depois que deixei o negócio, pois eu conhecia o meu próprio valor.

A experiência na padaria me ensinou a importância de ressignificar momentos difíceis. Em vez de permitir que as críticas me derrubassem, escolhi usá-las como combustível para provar a mim mesmo do que eu era capaz. Foi essa mentalidade que me fez continuar, apesar das dificuldades. Sei que pode parecer difícil transformar adversidades em motivação, mas, se você fizer um esforço, poderá se surpreender!

Quando decidi fazer doutorado em Ciências Jurídicas na PUC de Puerto Madero, Argentina, muitos duvidaram da minha capacidade de equilibrar os estudos com as responsabilidades profissionais e familiares. No entanto, cada vitória ao longo do caminho — um artigo publicado, uma apresentação bem-sucedida — reforçava minha determinação e me mantinha focado no objetivo final. Celebrar pequenos obstáculos ultrapassados é algo que aplico até hoje em todas as áreas da minha vida.

Nos momentos mais complicados, é importante refletir sobre as situações anteriores que impactaram sua motivação e sua autoestima. Reconhecer esses desafios é o primeiro passo para superá-los e usá-los como base para o crescimento e a mudança. Só assim você será capaz de criar caminhos neurais mais positivos, em lugar de desenvolver traumas. Por isso, antes de começarmos a aplicar as estratégias práticas para ativar o núcleo accumbens, convido você a explorar suas memórias e identificar situações em que se sentiu desvalorizado, criticado ou incapaz. Esses momentos, embora dolorosos, são oportunidades para crescimento e ressignificação.

Agora, vamos usar um outro exemplo do cinema. Você se lembra do filme *Náufrago* (Robert Zemeckis, 2000), estrelado por Tom Hanks? O personagem Chuck Noland enfrenta uma luta pela sobrevivência após um acidente de avião o deixar em uma ilha deserta. Ele está isolado, sem recursos e enfrentando uma série de desafios físicos e emocionais. Em uma cena particularmente poderosa, Chuck consegue finalmente fazer fogo após inúmeras tentativas frustradas. A cena é carregada de emoção e simbolismo, destacando a capacidade humana de superar adversidades através de determinação e foco.

Naquele momento, Chuck está exausto, coberto de suor e com as mãos machucadas. Ele havia tentado repetidas vezes acender uma chama, apenas para falhar e ser dominado pelo desespero. Mas ele continua, com uma persistência quase desesperada. Quando a chama finalmente pega, a expressão de surpresa e alegria no rosto de Chuck é inconfundível. Ele se levanta, olhando para o fogo que criou, e grita com uma mistura de triunfo e alívio: "Veja o que eu criei! Eu fiz o fogo! Eu... fiz o fogo!".

A alegria do protagonista demonstra claramente como ele conseguiu ativar seu sistema de recompensa, mesmo diante de uma situação inimaginável para a maioria de nós. Nosso cérebro é projetado para buscar o prazer e evitar a dor. Como já comentei, quando alcançamos uma meta ou completamos uma tarefa, o núcleo accumbens libera dopamina, criando uma sensação de prazer. Esse processo reforça o comportamento e nos motiva a repetir as ações que levaram a essa recompensa. Estudos mostram que pequenas recompensas aumentam significativamente a motivação e o desempenho.

Para ilustrar, lembro de uma época em que, com quase quarenta anos, disse à minha esposa, dentro de uma grande livraria que também vendia eletrônicos: "Um dia nós vamos ter uma TV de 55 polegadas igual a essa". Naquele momento, parecia um sonho distante, mas cada pequena vitória e cada esforço e sacrifício me aproximaram daquela conquista. Hoje, ao olhar para trás, vejo que o ato de celebrar, ainda que consigo mesmo, não só mantém a motivação em alta, mas também constrói um caminho sólido para as grandes realizações.

Cultivar a motivação e o foco nos objetivos de longo prazo requer, portanto, uma combinação de mentalidade positiva, celebração de pequenas conquistas e uso de estratégias baseadas na neurociência. Cada passo que você dá, cada desafio que você enfrenta, está moldando um caminho único de crescimento e realização pessoal. Continue avançando, pois o sucesso é uma jornada contínua, e cada dia é uma oportunidade para se aproximar um pouco mais de suas metas.

DICA:

Reviva mentalmente uma conquista sua — e sinta de novo a vitória.

O núcleo accumbens não distingue entre o prazer real e o prazer lembrado. Ao resgatar, com detalhes, um momento em que você superou algo difícil, seu cérebro libera dopamina como se estivesse acontecendo de novo. Esse exercício simples reacende a sensação de capacidade, reforça sua motivação e reativa circuitos internos de superação.

Use essa técnica antes de encarar um novo desafio — como uma reunião importante, uma conversa difícil ou um dia que promete ser pesado. Relembrar o que você já venceu é lembrar ao seu cérebro do que você é feito.

6

Córtex cingulado anterior: o guardião do foco e da resolução de conflitos

O córtex cingulado anterior é o sentinela silencioso do cérebro, vigilante diante dos dilemas e desafios do cotidiano. Em cada decisão ponderada, em cada conflito resolvido com calma, é essa pequena região que orquestra a harmonia entre razão e emoção. Como o eixo que mantém nossa bússola interna apontada para o norte, guia-nos pelo caos das distrações e pressões, ajudando-nos a encontrar clareza e propósito mesmo nas tempestades mais intensas. Treiná-lo é como afiar a lâmina da mente, pronta para cortar as incertezas da vida com precisão e equilíbrio.

O córtex cingulado anterior (cca, do inglês *Anterior Cingulate Cortex*) é uma parte incrível do cérebro, que desempenha um papel essencial em manter nosso foco, tomar decisões e resolver conflitos. Pense nele como um guardião interno, sempre atento, ajudando você a seguir o caminho certo, mesmo quando a vida está cheia de distrações e dilemas. É graças ao cca que conseguimos nos concentrar em uma tarefa específica, ignorando o que está ao redor — algo vital para ser produtivo e alcançar o sucesso.

O cca está envolvido em muitas funções importantes, como regular nossas emoções, detectar erros, tomar decisões e controlar impulsos. Quando enfrentamos problemas ou conflitos, internos ou externos, essa área do cérebro entra em ação. Um estudo interessante da Universidade de Cambridge[2] mostrou que pessoas com maior atividade no cca tendem a se sair melhor em tarefas que exigem foco e resolução de conflitos. Isso sugere que, ao treinar essa parte do cérebro, podemos melhorar nossa habilidade de tomar decisões e lidar melhor com os desafios do dia a dia.

---

2 Universidade de Cambridge. "Anterior cingulate cortex activity predicts performance in conflict tasks". *Neuropsychology*, 2013.

Imagine uma manhã típica no Rio de Janeiro ou em São Paulo: você está no trânsito caótico, tentando chegar ao trabalho no horário. Um motorista te dá uma fechada e quase causa um acidente. Em vez de ceder à raiva, você respira fundo e decide seguir em frente, mantendo a calma. Quando finalmente chega ao trabalho, se depara com um problema complicado em um projeto importante. É o seu CCA que entra em ação, ajudando a organizar as etapas e resolver a questão sem entrar em pânico. Mais tarde, ao voltar para casa, surge um conflito familiar. Novamente, é o CCA que o faz ouvir com empatia e encontrar uma solução pacífica. Essas são situações do dia a dia nas quais o CCA desempenha um papel crucial, ajudando você a manter o equilíbrio e a eficácia, mesmo diante das adversidades.

Manter o CCA em boa forma exige prática e técnicas específicas. Aqui estão algumas estratégias comprovadas que podem ajudar a fortalecer essa parte essencial do cérebro:

- Prática da escuta ativa em conversas: durante uma conversa, faça um esforço consciente para ouvir ativamente sem interromper e tente entender completamente o ponto de vista da outra pessoa antes de responder. Isso desafia o CCA a melhorar suas habilidades de resolução de conflitos e empatia.

- Exercício de decisão com limitação de tempo: coloque-se em situações em que precise tomar decisões rapidamente. Isso pode ser feito por meio de jogos de tabuleiro com tempo cronometrado ou tomando decisões rápidas em situações simuladas. Esse exercício ajuda o CCA a melhorar a tomada de decisões sob pressão.

- Diário de conflitos: mantenha um diário para registrar conflitos ou desafios que enfrenta no dia a dia. Escreva sobre como você os resolveu ou como poderia ter agido de forma diferente. Refletir sobre essas situações ajuda a fortalecer o CCA, aprimorando a capacidade de gerenciar conflitos futuros.

- Desafio de comportamento inverso: tente inverter sua reação natural a situações de estresse. Por exemplo, se você costuma reagir com ansiedade, experimente uma abordagem deliberadamente calma e ponderada. Treinar o CCA para lidar com situações de maneira não habitual pode expandir sua capacidade de controle emocional e resolução de problemas.
- Simulações sociais: participe de simulações ou *role-playing* em que você precise gerenciar situaçõcs sociais complexas, como negociações ou mediações. Isso desafia o CCA a trabalhar em tempo real para resolver conflitos e tomar decisões baseadas em múltiplos fatores.

Essas estratégias ajudam a manter o CCA afiado e resiliente, de maneiras que vão além das práticas tradicionais.

O córtex cingulado anterior desempenha um papel essencial em situações de alto estresse, ajudando-nos a tomar decisões baseadas não apenas em emoções imediatas, mas em objetivos racionais. Ele nos ensina que, mesmo diante de traumas, há um caminho para transformar sofrimento em propósito. Quero deixar aqui um exemplo pessoal de como meu CCA agiu quando eu era ainda muito jovem.

Era um dia comum, como qualquer outro. Eu estava na barraca com meu pai, e o barulho dos clientes misturava-se ao cheiro forte de cachaça sendo servida. Os pacotes de cigarros alinhados no balcão e o movimento constante faziam parte da rotina. Mas naquele dia a rotina foi repentinamente quebrada. A polícia chegou.

Enquanto os profissionais faziam buscas, alguns homens que estavam sendo perseguidos jogaram uma arma no chão da barraca. Tudo aconteceu muito rápido, mas ficou claro que a pistola não era nossa. O olhar de todos ao redor dizia isso. Mas na favela o silêncio é uma lei de sobrevivência. Ninguém viu, ninguém sabia, ninguém conhecia. É assim que se vive em um lugar onde o medo não é uma sensação, mas uma realidade.

"De quem é essa arma?", perguntou um dos policiais, com voz firme. Ninguém respondeu. O silêncio permaneceu. Então, ele olhou diretamente para meu pai e fez a pergunta que mudaria tudo: "Quem é o responsável por esta barraca?". Meu pai, com a integridade que sempre carregou, respondeu sem hesitar: "Sou eu, senhor".

O policial olhou para ele e disse, com frieza: "Bem, já que essa arma não é de ninguém, ela é sua. O senhor está preso". O mundo parou naquele instante. Meu pai, o homem que era meu exemplo, foi levado como se fosse um criminoso. A injustiça estava ali, diante dos meus olhos, tão real e palpável. Corri até ele, desesperado, gritando: "Não, ele não fez nada! Essa arma não é dele!".

Um dos policiais me olhou com desprezo e disse: "Se esse moleque chegar mais perto, vai engolir todos os dentes dessa boca suja". Meu pai, que sempre mantinha a calma, mesmo nas piores situações, colocou a mão no meu ombro. Era o gesto que ele usava para me proteger e me parar. Com a voz serena, ele disse: "Calma, vai ficar tudo bem".

Pessoas ao nosso redor me seguraram, dizendo: "Isso não é coisa para você, garoto. Isso é coisa de advogado". Foi aí, naquele momento, que algo mudou dentro do meu cérebro. A palavra "advogado" caiu no meu coração como uma promessa. Eu não sabia exatamente como era o universo de um advogado, mas entendi que o advogado poderia resolver as injustiças sofridas pelo meu pai, e essa palavra, quando caiu no meu coração, ressoou na minha cabeça, em que a polícia podia tudo e o advogado poderia combater a polícia. Olhei para meu pai sendo levado e prometi a mim mesmo: "Quando eu crescer, vou ser advogado para defender o meu pai".

Esse evento marcou profundamente o funcionamento do meu sistema límbico. A raiva, a injustiça e o medo ativaram de forma intensa essa parte do meu cérebro, mas foi o córtex cingulado anterior que me ajudou a transformar essa dor em uma meta clara. Essa região é essencial na regulação emocional, permitindo que enfrentemos traumas e desenvolvamos resiliência. Ao equilibrar as respostas automáticas de medo e raiva, ela nos ajuda a reorientar o foco para objetivos de longo prazo, como o que eu estabeleci naquele momento.

Manter a plasticidade emocional é vital para o funcionamento eficaz do CCA. Vou explicar algumas técnicas mais originais para desenvolver essa habilidade:

- Narrativas de superação: assista a filmes ou leia livros que contenham histórias de superação. Coloque-se no lugar dos personagens e reflita sobre como você lidaria com as mesmas situações.
- Imersão em novas experiências: experimente coisas novas, não importa o que sejam, desde que você realmente se envolva em algo que nunca fez antes. Essas experiências desafiadoras podem ajudar a expandir sua capacidade de resolução de conflitos e aumentar a atividade do CCA.
- Prática de empatia: envolva-se em atividades que promovam a empatia, como trabalho voluntário ou simplesmente ouvir atentamente as histórias de outras pessoas. A empatia ajuda a fortalecer a conexão emocional e a melhorar a resolução de conflitos.

Lembro-me de outro incidente específico que ilustra bem como o CCA pode ser fundamental na resolução de conflitos. Era uma tarde movimentada na padaria do meu pai, e um cliente estava extremamente insatisfeito com um pedido que não havia saído como ele esperava. Ele começou a levantar a voz, reclamava e se tornava cada vez mais agressivo. A situação poderia facilmente ter saído do controle, mas algo dentro de mim — meu CCA, sem dúvida — me ajudou a manter a calma.

Eu me aproximei do cliente, mantendo uma postura aberta e tranquila. Ouvi atentamente suas queixas, sem interromper, e procurei entender exatamente o que havia dado errado. Depois que ele terminou, respirei fundo e expliquei com sinceridade e voz calma que aquele era meu primeiro dia lidando com aquele tipo específico de pedido e que eu gostaria de deixá-lo satisfeito. Pedi desculpas pelo erro e agradeci por ele ter trazido a questão à minha atenção, pois isso me ajudaria a melhorar.

Para minha surpresa, o cliente não só se acalmou, mas também se mostrou compreensivo. Ele até riu da situação e, no final das contas, conversamos como amigos. Foi uma lição valiosa sobre como a calma, a empatia e a comunicação clara podem transformar um conflito potencial em uma oportunidade para fortalecer a relação com o cliente.

O córtex cingulado anterior é verdadeiramente o guardião dessa habilidade de resolver conflitos. Ao fortalecer essa área do cérebro, você vai conseguir melhorar sua capacidade de tomar decisões, manter a calma sob pressão e superar desafios como nunca imaginou. O treinamento constante e a prática diária são essenciais para manter o CCA em boa forma, portanto, exercite-o!

Tenho outra experiência pessoal capaz de ilustrar a complexidade de gerenciar conflitos internos, especialmente aqueles influenciados por percepções externas. Quando ainda era muito jovem, lembro que minha família e eu enfrentamos alguns problemas em razão de opiniões externas que interferiam na visão de meu pai sobre as nossas capacidades. Ele costumava dar ouvidos aos comentários de pessoas que acreditava serem "estudadas". Essas pessoas frequentemente questionavam o potencial dos meus irmãos e o meu, o que às vezes criava um ambiente tenso. Isso acontecia porque as expectativas externas impactavam a nossa autoestima e geravam barreiras internas que precisávamos superar. No entanto, com o tempo, comecei a desenvolver uma nova perspectiva. Aprendi a classificar as críticas entre construtivas e infundadas, além de reafirmar a minha própria autoimagem, independentemente das opiniões alheias. Não digo que tenha sido fácil. Mas, conforme buscava olhar o lado positivo, passei a superar cada opinião aleatória mais depressa. Esse processo interior não apenas melhorou a relação com meu pai e fortaleceu a minha resiliência emocional, mas também me ensinou lições valiosas sobre como gerenciar as críticas e transformar conflitos em oportunidades de fortalecer minha autoconfiança.

DICA:

O córtex cingulado anterior é uma parte do cérebro que desempenha um papel protagonista na nossa capacidade de detectar erros e ajustar nosso comportamento. Quando você sente aquele desconforto ao perceber que cometeu um erro ou fez algo fora do planejado, é o córtex cingulado anterior em ação. Em vez de se culpar ou ficar preso na autocrítica, aproveite esse sinal do seu cérebro como uma oportunidade de aprendizado e crescimento. Cada erro é uma chance de reajustar o caminho, e não um motivo para punição. Ao perceber um erro, respire fundo e veja como pode ajustar seu comportamento de forma construtiva. Com o tempo, essa prática vai fortalecer sua resiliência e seu autocontrole.

O córtex cingulado anterior também está envolvido na forma como lidamos com conflitos internos e decisões difíceis. Quando você se encontra em uma situação em que não sabe qual caminho tomar e sente aquela tensão interna, é essa parte do cérebro que está tentando ajudar você a pesar as opções. Em vez de ficar paralisado pela indecisão, use essa tensão como um sinal de que é hora de refletir com calma, mas sem se deixar levar pela ansiedade. Confie que o desconforto faz parte do processo de tomada de decisão e que, ao aceitar essa sensação, você estará mais preparado para fazer uma escolha alinhada com seus valores. Lembre-se de que o desconforto é temporário, mas as escolhas feitas com clareza podem ter impactos duradouros.

7

Emoções e o cérebro: a neurociência dos sentimentos

As emoções são o pincel que pinta a tela da nossa vida, trazendo cor, profundidade e significado a cada experiência. Compreender como o cérebro cria e regula essas emoções nos dá o poder de transformar tempestades internas em brisas suaves, canalizando essa energia para crescer e florescer.

Nas minhas palestras e apresentações, gosto de dizer que as emoções são as cores que pintam a nossa experiência de vida, dando profundidade e significado a cada momento. Entender como o nosso cérebro cria essas emoções e aprender a lidar com elas de forma sábia nos ajuda a viver de maneira mais harmoniosa e gratificante. Imagine poder transformar tempestades emocionais em brisas suaves, canalizando essa energia para crescer tanto pessoal quanto profissionalmente.

Mesmo as pessoas que se consideram mais racionais do que emocionais estão sujeitas aos sentimentos, assim como você e eu, porque as emoções são parte essencial da experiência humana. Elas moldam nossos pensamentos, influenciam nossas decisões e têm um grande impacto no nosso bem-estar. Mas como exatamente as emoções surgem no cérebro? E como podemos entender e regular esses sentimentos para levar uma vida mais equilibrada e saudável? Neste capítulo, vamos mergulhar na neurociência das emoções, explorando os mecanismos cerebrais que dão origem aos nossos sentimentos e descobrindo como esse conhecimento pode ser aplicado para melhorar nossa vida.

O cérebro humano é realmente uma máquina extraordinária, com várias regiões trabalhando em conjunto para gerar e regular nossas emoções. Lembra quando falamos sobre o córtex pré-frontal, no capítulo 2? Ele desempenha um papel enorme na forma como lidamos com nossos sentimentos e tomamos decisões. É como um conselheiro interno que nos ajuda a avaliar e moderar nossas respostas emocionais, levando a reações mais equilibradas e menos impulsivas. Quando o córtex pré-frontal está funcionando bem, tendemos a ser mais resilientes emocionalmente e a ter mais controle sobre emoções negativas.

Outra parte essencial do nosso sistema emocional é a amígdala, uma pequena estrutura em forma de amêndoa localizada no sistema límbico do cérebro, que agora você já conhece muito bem. Pense na amígdala como um alarme interno que dispara especialmente diante de sentimentos como medo e raiva. Sabe aquele frio na barriga que você sente quando algo te assusta de repente? É a amígdala entrando em ação, preparando seu corpo para lutar ou fugir. Essa resposta rápida é fundamental para a nossa sobrevivência. Mas, se estivermos constantemente estressados, esse alarme pode ficar disparando o tempo todo, levando a problemas mentais e físicos.

Quando falamos sobre emoções, não podemos esquecer da neuroquímica por trás delas, que envolve vários neurotransmissores e hormônios. A serotonina, por exemplo, está ligada ao nosso sentimento geral de bem-estar e felicidade; em níveis baixos, ela pode nos deixar mais propensos à depressão e à ansiedade.

Há também a oxitocina, frequentemente chamada de "hormônio do amor". Ela promove sentimentos de conexão e confiança, e é liberada durante momentos de contato físico, como abraços calorosos, ou até mesmo ao passar um tempo agradável com pessoas queridas. Por outro lado, o cortisol é conhecido como o hormônio do estresse. Ele é liberado quando enfrentamos situações desafiadoras, ajudando nosso corpo a lidar com essas pressões. Porém, quando os níveis de cortisol ficam altos por muito tempo, podem afetar negativamente nossa saúde, contribuindo para sentimentos de ansiedade, depressão e outros problemas.

Agora, vamos falar sobre as emoções positivas e negativas. As primeiras, como alegria, gratidão e amor, têm efeitos benéficos no cérebro e no corpo. Elas melhoram a função imunológica, aumentam a resistência ao estresse e promovem o bem-estar geral. Por outro lado, emoções negativas, como tristeza, raiva e medo, podem ter efeitos adversos quando experimentadas de forma intensa ou prolongada. No entanto, todas as emoções, positivas ou negativas, são importantes e têm seu papel. O objetivo não é eliminar as emoções negativas, e sim aprender a regulá-las de maneira saudável.

A regulação emocional é uma habilidade essencial, e a boa notícia é que podemos desenvolvê-la com práticas baseadas na neurociência. Por exemplo, a escrita expressiva é uma ferramenta poderosa para isso. Escrever sobre nossos pensamentos e sentimentos, especialmente em momentos de estresse ou conflito, ajuda a processar emoções de maneira mais clara. Estudos mostram que a escrita expressiva pode diminuir a atividade da amígdala, a região do cérebro associada ao medo e à raiva, e aumentar a ativação do córtex pré-frontal, responsável por decisões mais racionais. Ao colocar no papel suas preocupações, você não só ganha uma nova perspectiva, mas também treina seu cérebro para lidar melhor com emoções intensas. Eu gosto muito de escrever sobre o que estou sentindo, um hábito que desenvolvi já depois de maduro, mas que se tornou uma rotina em minha vida. Tenho certeza de que muitos compositores famosos criaram lindas letras ao pôr no papel (ou na tela do computador) suas emoções, tanto positivas como negativas.

Anteriormente, já comentei sobre a importância da meditação para a saúde do cérebro e como ela pode reduzir a reatividade do sistema límbico. Agora, quero reforçar essa ideia, destacando que a meditação não é apenas uma ferramenta para relaxar ou algo "esotérico" nem "exótico", como muitos ainda pensam. Na verdade, é uma prática transformadora que pode literalmente remodelar a estrutura do nosso cérebro, aumentando nossa resiliência e nossa capacidade de adaptação.

Outro ponto importante é o papel do exercício físico na regulação emocional. Atividades aeróbicas, como caminhar, correr ou nadar, promovem a liberação de endorfina, aquele neurotransmissor que melhora o humor e reduz a percepção da dor. Além disso, o exercício regular ajuda a diminuir os níveis de cortisol, aliviando o estresse. Já discutimos como o exercício físico também beneficia o hipocampo; agora, vemos que esses benefícios se estendem igualmente à regulação emocional.

Tenho certeza de que você já entendeu como as emoções afetam profundamente nossa saúde mental e física. Mas, até que você leve isso realmente a sério, corre o risco de cair em uma armadilha sem perceber. O estresse crônico, por exemplo, pode levar a uma série de problemas de saúde, incluindo doenças cardíacas, hipertensão, diabetes e depressão. Conheço muitas pessoas, incluindo amigos próximos, que passaram do estresse para a Síndrome de Burnout porque ignoraram os primeiros sinais de estafa. Por outro lado, emoções positivas e a capacidade de regulá-las de forma eficaz estão associadas a uma saúde melhor e até a uma maior longevidade.

Há várias maneiras de cultivar emoções positivas: por exemplo, mantendo um diário de gratidão, em que você escreve regularmente sobre as coisas pelas quais é grato, ou praticando atos de bondade, que aumentam a felicidade e o bem-estar.[3]

Minha própria história me ensinou que a regulação emocional é não apenas uma habilidade, mas uma arte que todos podemos aperfeiçoar. Para ilustrar o poder das emoções de

---

3 K. Layous et al. "Kindness counts: Prompting prosocial behavior in preadolescents boosts peer acceptance and well-being". *PLoS ONE*, San Francisco, v. 7, n. 12, e51380, 2012.

modo mais concreto, gostaria de compartilhar uma breve situação pessoal. Quando eu estava desempregado e não sabia se conseguiria dinheiro suficiente para passar no supermercado e comprar alimentos e leite para o meu filho, eu sabia que, se não controlasse minhas emoções, poderia prejudicar meu relacionamento com minha esposa e afetar negativamente nosso casamento. Intuitivamente, comecei a reservar um tempo diário para refletir sobre minhas emoções. Aos poucos, notei uma mudança significativa. Minha capacidade de lidar com o estresse melhorou e comecei a sentir uma maior sensação de calma e equilíbrio. Claro que a preocupação ainda era uma constante, mas o fato de entender e regular minhas emoções me ajudou a sair do círculo vicioso das lamentações e deixar meu cérebro mais livre em busca de soluções e novas oportunidades.

Quer outra boa nova? A pesquisa sobre emoções e o cérebro está em constante evolução. Novas descobertas vêm sendo feitas sobre como podemos melhorar nossa regulação emocional e promover o bem-estar mental. Terapias inovadoras, como a terapia cognitivo-comportamental (TCC) e a terapia de aceitação e compromisso (TAC), estão sendo utilizadas com sucesso para ajudar as pessoas no gerenciamento de emoções, melhorando sua qualidade de vida.

Espero que essas reflexões ajudem você a entender a importância de cuidar não apenas do corpo, mas também da sua mente, e como pequenas práticas diárias podem fazer uma grande diferença na sua vida.

DICA:

Para ajudá-lo a aplicar essas ideias em sua vida, deixo aqui um exercício prático de meditação para reprocessamento de memórias e fortalecimento da autoimagem. Esse exercício foi criado para ativar áreas específicas do cérebro, fundamentais para o gerenciamento emocional e para a transformação de memórias negativas que podem estar impactando sua autoimagem e sua capacidade de avançar na vida. Vamos lá!

Estruturas cerebrais envolvidas:
- Córtex pré-frontal: responsável pela regulação emocional e pelo controle executivo.
- Sistema límbico: essencial para o processamento emocional, inclui o hipocampo e a amígdala.
- Córtex cingulado anterior: importante para a atenção focada e a gestão de conflitos internos.

Passo a passo o para exercício de treinamento da concentração:
1. Preparação:
- Escolha um local tranquilo onde você possa se sentar sem interrupções. Você tem um espaço assim em sua casa?
- Adote uma posição confortável, com os pés no chão ou em posição de lótus. Como você se sente mais à vontade?

2. Foco na respiração:
- Feche os olhos e comece a observar sua respiração natural. Permita-se relaxar a cada expiração. Consegue sentir a calma entrando a cada inspiração?

3. Confrontação das memórias:
- Delicadamente, traga à mente uma memória de uma experiência que afetou negativamente sua autoimagem. Pode ser um momento de crítica no trabalho, um comentário desmotivador durante sua educação

ou um episódio de exclusão na infância. Que memória vem à sua mente?

- Sinta as emoções associadas a essa memória, permitindo-se observá-las sem julgamento. Como essas emoções se manifestam em você?

4. Reformulação da memória:

- Visualize-se na mesma situação, mas, agora, imagine-se reagindo com autoconfiança e resiliência. Como seria se você tivesse reagido de forma diferente?
- Pode ser útil imaginar-se conversando com seu eu mais jovem, oferecendo apoio e palavras de encorajamento que você precisava ouvir naquele momento. Que palavras de apoio você diria a si mesmo?

5. Ancoragem positiva:

- Escolha uma frase ou palavra que represente sua nova percepção e o fortalecimento da autoimagem. Repita mentalmente essa frase várias vezes, permitindo que uma sensação de calma e aceitação substitua o desconforto anterior. Qual frase ressoa com você?

6. Retorno ao presente:

- Lentamente, traga sua atenção de volta ao presente. Mantenha os olhos fechados por mais alguns momentos.
- Quando se sentir pronto, abra os olhos e faça alguns movimentos leves para reintegrar-se completamente ao momento atual. Como você se sente ao retornar ao presente?

Com a prática regular desse exercício, você estará não só aplicando uma técnica eficaz de meditação, mas também trabalhando ativamente para fortalecer as conexões neurais que apoiam uma resposta emocional mais saudável e construtiva. Essa prática pode ajudá-lo a transformar sua relação com experiências passadas, promovendo uma vida mais equilibrada, confiante e focada, além de permitir que você supere os obstáculos e avance com determinação.

8

Plasticidade emocional: transforme desafios em oportunidades

A vida nos apresenta desafios que podem parecer insuperáveis, mas é na habilidade de ressignificar e transformar essas dificuldades que encontramos a verdadeira força. Assim como o ferro é forjado no fogo, nosso cérebro se adapta e se fortalece a cada experiência, moldando nossa capacidade de enfrentar o que vier pela frente com resiliência e coragem. Não é o peso do fardo que nos define, mas a maneira como escolhemos carregá-lo.

A plasticidade emocional é a incrível capacidade do nosso cérebro de ajustar e modificar suas respostas emocionais com base nas novas experiências que vivemos. É essa habilidade que nos permite transformar momentos difíceis em oportunidades de crescimento. Pense nisso como um músculo: quanto mais você o exercita, mais forte ele fica. E a melhor parte? Todos nós podemos desenvolver essa capacidade, independentemente das circunstâncias.

Você não precisa buscar longe para encontrar exemplos de plasticidade emocional em ação. Por exemplo, quando eu tinha catorze anos, minha família planejou uma viagem de férias. Eu estava todo animado e arrumei minha mochila com antecedência, certo de que iria junto. Mas, na manhã da viagem, meu pai me disse que eu ficaria para trás, cuidando da padaria. Foi um golpe duro, e eu me senti extremamente frustrado, mas também foi uma lição precoce sobre responsabilidade e sacrifício. Esse momento me ensinou que cada desafio é uma chance de crescer emocionalmente. São esses momentos difíceis que moldam quem somos e nos ajudam a descobrir uma força interior que talvez nem soubéssemos ter.

Outro exemplo que me marcou foi quando eu era garoto e tinha que lavar o chão da padaria toda noite antes de fecharmos. Havia um telefone público no estabelecimento, e sempre tinha uma fila de gente esperando para usar, o que dificultava muito a minha tarefa. Um dia, descobri que um fio fazia o telefone parar de funcionar e amarrei um barbante para controlar isso. Quando meu pai descobriu, ele ficou furioso, e eu acabei levando um safanão daqueles. Esse incidente me ensinou uma lição valiosa sobre as consequências das minhas ações e a importância de encontrar soluções criativas, mesmo que nem sempre sejam as mais corretas. "Resiliência é a arte de transformar dor em força." Cada experiência dolorosa carrega consigo a semente do crescimento e da superação.

Um excelente exemplo de plasticidade emocional que me toca profundamente está no filme *À procura da felicidade* (Gabriele Muccino, 2006), com Will Smith. O protagonista, Chris Gardner, passa por uma série de desafios, como a falta de moradia e dificuldades financeiras, enquanto tenta cuidar de seu filho pequeno. Em uma cena que sempre me emociona, Chris e seu filho são forçados a passar a noite no banheiro de uma estação de metrô. Tentando manter o espírito do filho elevado, ele diz algo assim:

CHRIS GARDNER	Olha, eu preciso que você finja que estamos numa máquina do tempo. Pode fazer isso por mim?
CHRISTOPHER	Uma máquina do tempo?
CHRIS GARDNER	Sim. Agora, feche os olhos. Imagine que estamos indo para um lugar especial… Você vê dinossauros?
CHRISTOPHER	Sim!
CHRIS GARDNER	Isso é ótimo! Agora, vamos nos esconder dos dinossauros. Eles não podem nos ver aqui.

Mesmo diante de uma situação tão difícil, Chris consegue transformar o momento, mantendo a imaginação e o ânimo do filho vivos, e usando essa dificuldade como motivação para continuar perseguindo seu sonho de se tornar um corretor de valores bem-sucedido. Essa cena, para mim, é uma prova clara de como a resiliência emocional pode nos ajudar a superar os momentos mais sombrios e seguir em frente com determinação.

Desenvolver a plasticidade emocional envolve a prática de técnicas como a reavaliação cognitiva, que nos permite ressignificar situações negativas de maneira mais positiva. Ao fazer isso, melhoramos nossa resiliência emocional e mantemos a motivação, mesmo em tempos difíceis.

Um estudo conduzido pela Universidade de Stanford[4] revelou que a prática regular da reavaliação cognitiva pode realmente mudar a maneira como o cérebro lida com emoções negativas. Isso aumenta a atividade em áreas associadas ao controle emocional e diminui a intensidade das respostas negativas. Em outras palavras, com prática e persistência, podemos literalmente treinar nosso cérebro para ser mais resiliente.

Aqui estão algumas dicas para você ampliar sua plasticidade emocional:

- Reenquadramento narrativo: tente recontar a história da sua vida sob uma nova perspectiva. Em vez de se ver como uma vítima das circunstâncias, veja-se como o herói que supera os desafios. Essa técnica, comum em terapias narrativas, pode ser profundamente transformadora e ajudar você a encontrar força nos momentos difíceis.
- Simulação mental positiva: imagine como gostaria de reagir em situações futuras de estresse ou adversidade. Atletas profissionais fazem isso o tempo todo —

---

4 Disponível em: <https://spl.stanford.edu/projects>.

visualizam-se agindo com calma e eficiência antes de uma grande competição. Ao se imaginar reagindo de maneira tranquila e eficaz, você está treinando seu cérebro para realmente agir assim quando o momento chegar.

- Metáforas pessoais: use metáforas para entender e lidar com suas emoções. Pense nas suas emoções como ondas do mar: elas vêm e vão, algumas mais fortes, outras mais suaves, mas todas passam. Essa visão vai ajudar você a enfrentar momentos turbulentos com mais serenidade, lembrando que até as tempestades mais intensas eventualmente se acalmam.

- Modelagem comportamental: encontre alguém que você admira pela resiliência emocional e observe como essa pessoa lida com desafios. Tente incorporar algumas dessas atitudes na sua própria vida. Isso é parecido com ter um mentor, mas focado em como você lida com suas emoções.

- Técnica da âncora emocional: crie um gatilho positivo, como um gesto ou um objeto, que você associe a momentos de felicidade e calma. Em momentos de estresse, use essa âncora para lembrar seu cérebro dessas emoções positivas e recupere a tranquilidade.

- Jogos e desafios: envolva-se em atividades que desafiem suas emoções de maneira controlada, como jogos de estratégia ou esportes. Eles exigem que você mantenha a calma e pense criticamente sob pressão, fortalecendo sua resiliência emocional de uma forma fácil e divertida.

Essas práticas podem ajudar a moldar a maneira como você lida com suas emoções, tornando-o mais forte e preparado para enfrentar os altos e baixos da vida.

Persistência é a chave para desenvolver a plasticidade emocional. Não é algo que acontece da noite para o dia. Assim como qualquer habilidade, requer prática contínua e dedicação. A boa notícia é que cada pequena vitória ao longo do caminho fortalece seu cérebro e torna mais fácil lidar com desafios futuros. Acredite, vale a pena!

Reunindo prática, paciência e persistência, você pode desenvolver a plasticidade emocional e usar essa habilidade para enfrentar qualquer desafio que a vida apresente diante de você.

9

Áreas associativas: o teatro da integração e da estratégia

A mente humana é um palco no qual diferentes experiências, conhecimentos e emoções se encontram. Nas áreas associativas do cérebro, essas peças se unem em uma dança complexa, revelando soluções inesperadas e caminhos inovadores. É nesse teatro que transformamos desafios em oportunidades e problemas em estratégias vencedoras. Quando você aprende a orquestrar essa sinfonia mental, descobre que é capaz de criar não apenas soluções, mas também o seu próprio destino.

As áreas associativas do cérebro, especialmente no córtex pré-frontal, funcionam como o diretor de uma peça de teatro, coordenando todas as informações e ações para que a performance final seja coesa. Elas são essenciais para integrar diferentes tipos de conhecimento e desenvolver estratégias complexas para resolver problemas. Pense em profissões que exigem pensamento crítico, como o direito — cada caso é um quebra-cabeça que precisa ser montado peça por peça. E eu sei bem como isso funciona!

Para começar uma transformação pessoal, é importante reconhecer aquelas experiências que, mesmo de forma sutil, podem ter impactado negativamente a nossa autoimagem. Às vezes, são eventos simples, como não receber o reconhecimento merecido em momentos importantes, que nos deixam com uma sensação de inadequação. Já passou por isso? Talvez você tenha sentido que suas conquistas foram ignoradas ou que suas habilidades foram subestimadas. Essas percepções são processadas nas áreas associativas do cérebro, que ajudam a integrar essas experiências à nossa visão de mundo.

Além disso, essas áreas são fundamentais para a resolução de problemas, conectando informações de diferentes fontes e criando soluções eficazes. É como se todas as partes do quebra-cabeça finalmente se encaixassem, dando sentido ao todo.

Seja em desafios pessoais ou profissionais, a capacidade de pensar de forma integrada e estratégica é uma habilidade essencial. Imagine que você está enfrentando um problema no trabalho que exige uma solução rápida. Como você lidaria com isso? A habilidade de pensar de forma integrada e estratégica faz toda a diferença nesse tipo de situação.

Um estudo realizado pela dra. Nancy Kanwisher, no MIT, mostrou que atividades que exigem a integração de conhecimentos e habilidades, como debates e leitura crítica, podem realmente aumentar a densidade das conexões neurais nessas áreas do cérebro. Isso significa que, ao praticar essas atividades, você está melhorando sua capacidade de resolver problemas complexos. Novamente, é como fortalecer um músculo: quanto mais você o exercita, mais eficiente ele se torna.

Quando eu era criança, os aniversários não eram grandes eventos na minha família. Lembro-me de um ano em especial em que fiquei triste porque não houve nenhuma comemoração. Um professor, percebendo minha decepção, sugeriu que eu organizasse uma pequena celebração na sala de aula. Esse gesto simples transformou o meu dia e me ensinou algo valioso: às vezes, precisamos criar nossas próprias oportunidades de celebração e reconhecimento.

Essa experiência me ensinou a importância de ser proativo, não só ao buscar momentos de alegria, mas também ao resolver problemas e buscar crescimento pessoal. Aprendi a não esperar que as coisas aconteçam por si próprias, mas tomar a iniciativa de criar as oportunidades que eu quero para mim. E essa habilidade, que comecei a desenvolver ainda jovem, acabou sendo útil em muitas áreas da minha vida.

Mas como você pode aplicar isso à sua vida? Pense nas situações do dia a dia em que pode praticar a integração de informações e habilidades. Por exemplo, ao ler um livro ou assistir a um filme, tente identificar diferentes perspectivas e faça conexões com outras áreas que você já conhece. Ou, quando enfrentar um desafio no trabalho, como um projeto com prazo apertado e múltiplas demandas, pergunte-se: "Como posso usar o que já sei para encontrar uma solução inovadora?". Talvez você consiga aplicar uma abordagem que usou em um projeto anterior ou até mesmo adaptar uma ideia que surgiu em um contexto totalmente diferente.

Além disso, jogos ou quebra-cabeças são ótimos para exercitar o cérebro. Eles não só desafiam o pensamento crítico, mas também ajudam a desenvolver a paciência e a capacidade de planejamento. Novamente, valorize o poder da meditação, pois essa prática pode aumentar a densidade de matéria cinzenta em áreas do cérebro ligadas ao processamento emocional e à autopercepção — habilidades fundamentais para resolver problemas com mais eficiência.

Integrar conhecimento e experiência é essencial para enfrentar desafios complexos. Quando você conecta diferentes tipos de informação, consegue encarar os problemas com mais confiança e clareza. Que tal começar agora? Escolha uma atividade que desafie sua mente e veja como ela pode ajudar a fortalecer suas habilidades de resolução de problemas.

Exercício: Simulação de decisão importante

Objetivo: usar seus conhecimentos de forma integrada para resolver problemas complexos e fortalecer as conexões neurais nas áreas associativas do cérebro.

Passo a passo:

1. Escolha do problema: pense em uma situação recente em que você teve que tomar uma decisão importante, como um desafio no trabalho que exigiu uma solução criativa. Escolher um problema relevante é essencial para que o exercício seja realmente eficaz.

2. Análise e planejamento: use ferramentas como mapas mentais para organizar as informações que você tem sobre o problema. Isso ajuda a conectar ideias, ver a situação por diferentes ângulos e ter uma compreensão mais completa do que está acontecendo.
3. Decisão e ação: depois de refletir sobre o problema, tome uma decisão baseada em uma análise cuidadosa. Faça sua escolha com confiança e coloque-a em prática, prestando atenção aos resultados. Lembre-se, agir é tão importante quanto pensar.
4. Reflexão: após colocar sua decisão em prática, reserve um momento para refletir sobre todo o processo. Pergunte-se o que deu certo, o que poderia ter sido feito de outra maneira e como essas lições podem ser úteis no futuro.

Esse exercício é uma excelente maneira de melhorar sua capacidade de resolver problemas e de usar experiências anteriores como ferramentas de aprendizado.

Ao completá-lo, pense em como cada etapa não apenas ativou partes específicas do seu cérebro, mas também ajudou a aprimorar suas habilidades de tomada de decisão e sua resiliência emocional. Tenho certeza de que, ao praticar essa técnica com regularidade, você desenvolverá a habilidade de enfrentar e superar desafios com confiança e criatividade, além de fortalecer sua autoimagem e sua capacidade de se adaptar a novas situações.

10

Estratégias cerebrais para navegar pelas adversidades da vida

Seu cérebro não foi feito para evitar as tempestades, mas para aprender a velejar por elas.

Você já se perguntou como algumas pessoas conseguem manter a calma e tomar decisões sábias mesmo nas situações mais adversas? A resposta está, em parte, na neurociência, mas também na forma como treinamos nossa mente para enfrentar desafios. Neste capítulo, vamos explorar não apenas os mecanismos cerebrais envolvidos na resiliência, mas também algumas estratégias práticas e criativas para desenvolver essa habilidade.

Imagine estar em um cenário de tempestade, tanto literal quanto metafórica. A sensação de desorientação e incerteza é avassaladora, mas é nesse momento que o cérebro pode revelar sua capacidade de adaptação e superação. O córtex pré-frontal e o sistema límbico, por exemplo, desempenham um papel crucial na forma como processamos emoções e tomamos decisões. Esses sistemas são constantemente treinados pelas experiências de vida, moldando nossa capacidade de enfrentar o estresse.

A verdadeira força não está em evitar tempestades, mas em dançar com a chuva.

Deixe-me compartilhar uma pequena história que mostra como uma mudança de perspectiva pode transformar um momento desafiador. Quando eu era jovem, participei de uma feira de ciências na escola e fiquei encarregado de criar um experimento simples. Vindo de uma família humilde, não tinha muitos recursos para montar algo sofisticado. Acabei improvisando com materiais reciclados, enquanto outros colegas tinham projetos mais elaborados.

No dia da feira, percebi que alguns visitantes passavam direto pelo meu estande, sem demonstrar muito interesse. Em vez de desanimar, decidi focar as poucas pessoas que pararam, explicando meu experimento com entusiasmo e clareza. Essa experiência me ensinou que o valor de um projeto não está apenas nos recursos que você investe, mas na paixão e no esforço que você dedica a ele. O que poderia ter sido uma experiência frustrante se mostrou uma grande oportunidade de aprendizado e crescimento.

Essa capacidade de transformar adversidades em algo positivo é uma forma de resiliência que todos podemos desenvolver. Pense, por exemplo, em grandes inventores e cientistas que, durante períodos de dificuldade, perseveraram apesar das falhas iniciais. Thomas Edison, por exemplo, fez milhares de tentativas antes de finalmente inventar a lâmpada elétrica. Ele encarava cada falha como uma descoberta de algo que não funcionava, mas que o aproximava do sucesso.

E não são só os inventores que demonstram essa resiliência. Obras de arte muitas vezes capturam a essência da capacidade humana de superar desafios. Pense em *A noite estrelada*, de Vincent van Gogh. Essa obra-prima foi criada durante um período em que ele estava internado em um sanatório, dá para acreditar? Apesar de suas lutas pessoais, van Gogh conseguiu encontrar beleza e inspiração em seu entorno, transformando seu tumulto interno em uma obra vibrante e cheia de esperança. Essa habilidade de transformar adversidades em algo belo e significativo é uma forma de resiliência que todos nós podemos cultivar em nossas próprias vidas. Eu mesmo, vindo da favela da Maré, como relatei no início deste livro, hoje consigo enxergar poesia na minha antiga comunidade.

Vamos agora, então, tentar algo diferente: um exercício que chamo de "Quadro em branco". Imagine que a sua mente é uma tela em branco. Pense em uma situação desafiadora que você está enfrentando ou enfrentou recentemente. Em vez de focar o problema, visualize como você pode usar essa situação como uma oportunidade para crescimento pessoal.

Talvez seja um momento para aprender uma nova habilidade, melhorar uma relação ou simplesmente entender mais sobre si mesmo. Escreva suas ideias como se estivesse pintando uma obra de arte, permitindo que sua mente explore novas formas de lidar com a situação. Cada desafio é uma tela em branco; o que você pinta nela define sua vida. Você agora é o van Gogh da sua vida!

Imagine que você está batendo papo com um neurocientista renomado sobre um trauma que viveu. Tenho certeza de que ele explicaria, de uma maneira bem simples, que praticar regularmente a reavaliação cognitiva — ou seja, a habilidade de ressignificar situações para mudar a forma como você responde emocionalmente a elas — pode remodelar seu cérebro. Isso fortalece as conexões no córtex pré-frontal, ajudando você a ser mais resiliente e a tomar decisões melhores, mesmo sob pressão.

A resiliência não é só uma habilidade, é quase uma forma de arte que todos podemos aprender. Assim como um artista que olha para uma tela em branco e vê potencial, nós também podemos enxergar os desafios como oportunidades de crescer e evoluir. Cada adversidade é uma chance de criar algo, de aprender e de fortalecer a mente.

A prática de reavaliação cognitiva pode se tornar uma parte valiosa da sua rotina, especialmente quando combinada com atividades que desafiem sua mente. Ao adotar essa abordagem, é possível começar a perceber a beleza que existe na imperfeição e nas dificuldades. Muitas vezes, são essas tempestades que revelam nossas maiores inspirações e nos fazem descobrir forças inexploradas. Dessa forma, cada desafio enfrentado se transforma em uma oportunidade de crescimento, em que o aprendizado e a evolução se tornam parte de uma jornada contínua de autodescoberta e resiliência.

DICA:

Transforme um desafio atual em um "projeto de superação".

Escolha uma adversidade que esteja vivendo agora — pode ser algo pequeno ou algo grande — e dê a ela um nome como se fosse um projeto criativo ou profissional: "Projeto Recomeço", "Missão Clareza", "Operação Coragem". Ao nomear, você engaja o seu córtex pré-frontal, ativa o senso de direção e reduz a carga emocional associada ao problema. Esse simples gesto ajuda seu cérebro a sair do modo "ameaça" e entrar em modo "ação".

A cada pequeno passo dado, registre seu avanço. Você não está apenas lidando com um problema. Está construindo uma história — e você é o protagonista resiliente dessa jornada.

11

Neurociência e espiritualidade

Em algum lugar entre a ciência e a fé, o cérebro humano revela o seu mistério mais profundo: a capacidade de transcender o material e tocar o eterno. Quando exploramos o que nos move espiritualmente, não apenas compreendemos nossas emoções e pensamentos, mas também descobrimos um universo interior em que ciência e espiritualidade convergem em perfeita harmonia.

O cérebro humano é realmente uma máquina extraordinária, com várias regiões trabalhando em conjunto para gerar e regular nossas emoções e experiências espirituais. Embora já tenhamos discutido como o córtex pré-frontal e a amígdala desempenham papéis cruciais na regulação emocional e no processamento de emoções como o medo e a raiva, é interessante explorar como essas mesmas áreas também estão profundamente conectadas à nossa experiência espiritual.

Como vimos anteriormente, o córtex pré-frontal ajuda a moderar nossas respostas emocionais, levando a decisões mais racionais, o que também se aplica às nossas práticas espirituais. Durante atividades como a meditação — sobre a qual já falamos no contexto de suas vantagens para a saúde mental e emocional —, o córtex pré-frontal desempenha um papel fundamental. A meditação pode aumentar a atividade dessa região, ao mesmo tempo que diminui a atividade da amígdala, promovendo um estado de calma e melhorando nossa capacidade de experimentar emoções positivas.

Ao relembrar essa informação, é importante destacar como essas práticas espirituais, que têm raízes antigas em diversas culturas, agora encontram respaldo na neurociência moderna. Por exemplo, quando praticamos a meditação, não apenas acalmamos a mente, mas também fortalecemos a capacidade do córtex pré-frontal de lidar com o estresse e manter um estado de bem-estar geral. Essas mudanças no cérebro ilustram como a espiritualidade pode influenciar diretamente nossa neurobiologia, moldando as conexões neurais de maneiras que beneficiem nossa saúde mental e emocional.

Além disso, a amígdala, que entendemos como alarme do cérebro, é fortemente impactada por práticas espirituais. Já sabemos que essa pequena estrutura em forma de amêndoa é responsável por desencadear respostas de luta ou fuga em situações de ameaça. No entanto, durante práticas espirituais, como a oração ou a meditação, a atividade da amígdala pode ser reduzida, promovendo uma sensação de segurança e calma interior. Isso ajuda a explicar por que muitas pessoas encontram conforto em suas práticas espirituais, especialmente em tempos de crise.

Outra área importante que vale a pena revisitar é o lobo parietal, que atua na percepção de tempo e espaço. Quando nos envolvemos em práticas espirituais profundas, como a meditação ou mesmo uma oração intensa, há uma diminuição na atividade do lobo parietal. Isso pode contribuir para a sensação de transcendência ou de estar fora de si, um estado em que as fronteiras entre o eu e o mundo externo parecem se dissolver. Como já mencionamos, essa experiência de união com o universo ou com o divino é relatada em muitas tradições espirituais ao redor do mundo.

Ao trazer essas informações de volta, o objetivo é mostrar que a espiritualidade, longe de ser uma experiência meramente abstrata, está enraizada em processos cerebrais bem concretos. E não podemos nos esquecer do papel dos neurotransmissores nessa equação. A serotonina, que discutimos no contexto do bem-estar emocional, é igualmente relevante aqui. É liberada durante práticas espirituais como a meditação ou rituais religiosos, ajudando a criar aquele estado de paz e contentamento que tantos buscam.

Do mesmo modo, a dopamina, que está associada ao prazer e à recompensa, também desempenha um papel crucial. Ela é liberada durante experiências espirituais intensas, proporcionando sensações de êxtase e alegria que podem ser comparadas à sensação de um "alto espiritual" — que muitas pessoas relatam após uma prática espiritual profunda ou após participar de um ritual significativo.

Um exemplo prático e muito estudado a respeito de como neurociência e espiritualidade se encontram é a meditação, como já comentado. Diversas tradições espirituais utilizam a meditação como prática central, e a ciência tem mostrado que essa prática tem efeitos profundos no cérebro. Estudos com monges budistas, por exemplo, revelaram que a meditação pode aumentar a atividade do córtex pré-frontal e diminuir a da amígdala, a parte do cérebro associada ao medo e à ansiedade. Isso não só melhora a regulação emocional como também fortalece a capacidade de experimentar emoções positivas e sentimentos de compaixão.

Lembrando de algumas discussões anteriores, pense na cena do filme *O grande hotel Budapeste* (Wes Anderson, 2014) em que o protagonista, monsieur Gustave, pratica uma forma de meditação improvisada em meio ao caos de sua vida. Durante a cena, ele se retira mentalmente do tumulto ao seu redor, buscando calma e clareza interior. Essa prática, embora simples, demonstra como a meditação pode ajudar a acalmar a mente e encontrar equilíbrio, mesmo em situações de estresse extremo. Gustave, em sua busca por serenidade, exemplifica a capacidade humana de utilizar práticas espirituais para manter o controle emocional e a resiliência.

A neurociência também nos lembra da plasticidade do cérebro — ou seja, sua capacidade de mudar e se adaptar ao longo do tempo. Esse conceito, já mencionado em outros contextos, é fascinante quando aplicado à espiritualidade. Práticas espirituais repetitivas, como a oração, o canto de mantras ou a meditação, são capazes de moldar o cérebro, criando novas conexões neurais que fortalecem a resiliência emocional, a paz interior e a habilidade de lidar com o estresse.

Por fim, um dos aspectos mais intrigantes do encontro entre neurociência e espiritualidade são as experiências de quase morte (EQM). Essas experiências espirituais podem envolver sensações de estar fora do corpo, ver uma luz brilhante ou sentir uma profunda paz e conexão com o universo. A ciência sugere que esse fenômeno pode estar relacionado à diminuição do fluxo sanguíneo no cérebro, particularmente no lobo parietal e no córtex pré-frontal, durante momentos de estresse extremo. Embora ainda haja muito a aprender sobre essas experiências, elas reforçam a ideia de que a espiritualidade pode ser uma parte intrínseca da nossa neurobiologia, ajudando-nos a buscar e encontrar significado, mesmo em momentos de extrema adversidade.

Revisitar essas informações nos permite integrar melhor o conhecimento sobre como o cérebro responde às práticas espirituais. Mesmo que você não seja adepto da espiritualidade, compreender essa conexão pode oferecer uma perspectiva mais rica sobre como cultivar práticas que o aproximem de suas crenças e valores ao mesmo tempo que promovem saúde mental, resiliência e bem-estar geral. Afinal, essa integração nos lembra de que possuímos cérebros poderosos e complexos, capazes de conectar o tangível e o intangível, o físico e o espiritual, tudo isso em uma jornada contínua de autodescoberta e crescimento.

DICA:

Crie um "minuto de silêncio neural" no seu dia.

Escolha um momento do dia — pode ser ao acordar, antes de dormir ou até no intervalo do trabalho — para ficar um minuto em silêncio absoluto, com os olhos fechados, focando apenas na sua respiração. Não é meditação formal, nem oração. É só um encontro breve com você mesmo. Esse simples hábito ativa o córtex pré-frontal, acalma a amígdala e diminui o ruído do lobo parietal, promovendo uma sensação de presença e conexão.

Com o tempo, esse minuto pode se tornar seu ponto de aterrissagem no meio do caos — um lembrete de que paz não é ausência de barulho, mas a capacidade de se ouvir mesmo no meio dele.

12

Neurociência e determinação

A mente humana é capaz de feitos extraordinários quando movida pela determinação. A cada escolha de seguir em frente, a cada vez que resistimos à tentação de desistir, fortalecemos as conexões neurais que nos tornam mais resilientes e focados. Nosso cérebro se molda através da perseverança, mostrando que os grandes feitos nascem de pequenas vitórias diárias que, somadas, constroem o sucesso.

A determinação e a perseverança são qualidades que frequentemente associamos a grandes histórias de sucesso, sejam elas de atletas, empreendedores ou artistas. Mas essas qualidades não surgem do nada; são profundamente enraizadas em processos cerebrais que podem ser desenvolvidos e aprimorados. A neurociência nos oferece uma visão fascinante de como o cérebro suporta e promove essas características e de como podemos cultivá-las em nossa própria vida.

Já discutimos anteriormente o papel do córtex pré-frontal na regulação emocional e na manutenção do foco em metas de longo prazo. Agora você já sabe que essa região do cérebro é como um estrategista interno que nos ajuda a planejar, tomar decisões e resistir à tentação de recompensas imediatas em favor de ganhos maiores no futuro. É essa capacidade que nos permite persistir, mesmo quando os desafios parecem insuperáveis.

Um exemplo prático disso pôde ser visto em minha própria vida quando surgiu a oportunidade de comprar mais uma padaria e expandir os negócios do meu pai. A localização era privilegiada, mas o desafio era colossal. A loja estava mergulhada em dívidas, devendo a todos os bancos que eu conhecia e até àqueles de que só se ouvia falar em rodas de alto poder aquisitivo. Era um legado pesado que poderia intimidar até os mais corajosos. No entanto, foi justamente nesse momento de incerteza que a verdadeira natureza do empreendedorismo e da perseverança brilhou.

Meu pai e eu, vindos de uma vida simples, atravessamos a soleira daquela loja com corações pulsando tanto de esperança quanto de ansiedade e medo. Assumimos a padaria com os poucos recursos que tínhamos para dar de entrada e a certeza de que nosso trabalho duro seria capaz de levantar o negócio. Expandimos os horários de operação, abrindo as portas às 5h30 e fechando apenas às 22 horas. O trabalho era incansável — começávamos antes do amanhecer e só parávamos após o último cliente sair. Ao meu lado, minha irmã, uma verdadeira parceira, tomava conta do caixa e da supervisão, enquanto eu me dedicava a ouvir os clientes, observar o trabalho da equipe e explorar cada oportunidade de crescimento. Posso afirmar que foi um dos períodos de maior aprendizado da minha vida, talvez até mesmo superior aos meus anos de universidade.

Já falamos anteriormente sobre o córtex pré-frontal e como ele desempenha um papel crucial na regulação emocional. Essa mesma região do cérebro é essencial quando falamos de determinação e perseverança. O córtex pré-frontal é responsável por funções executivas, como planejamento, tomada de decisões e a capacidade de adiar recompensas — habilidades indispensáveis para manter o foco em metas de longo prazo, mesmo quando os desafios parecem insuperáveis. Por exemplo, ao trabalhar em um projeto difícil, como estudar para um exame importante ou iniciar um novo negócio, é o córtex pré-frontal que ajuda a manter a atenção no objetivo final, regulando a tentação de desistir e buscar gratificação imediata.

Um exemplo marcante que ilustra essa capacidade é o famoso Marshmallow Test, conduzido por Walter Mischel nos anos 1960.[5] Nesse experimento, crianças foram colocadas em uma sala com um marshmallow e avisadas de que poderiam

---

5 W. Mischel; E. B. Ebbesen; A. Raskoff Zeiss. "Cognitive and attentional mechanisms in delay of gratification". *Journal of Personality and Social Psychology*, [S.l.], v. 21, n. 2, pp. 204-18, 1972.

comê-lo imediatamente ou esperar quinze minutos para ganhar um segundo marshmallow. As crianças que conseguiram esperar tenderam a ter melhor desempenho acadêmico e maior sucesso na vida adulta. O estudo mostrou como a capacidade de adiar a gratificação, controlada pelo córtex pré-frontal, é um indicador importante de determinação e perseverança.

A motivação de longo prazo também é sustentada pela dopamina, um neurotransmissor que frequentemente associamos ao prazer imediato, mas que também desempenha um papel vital na persistência. Quando perseguimos um objetivo e avançamos em direção a ele, o cérebro libera dopamina, o que nos motiva a continuar e nos dá a sensação de progresso. Esse ciclo de esforço e recompensa é crucial para manter a motivação, especialmente em tarefas árduas.

Essa dinâmica é evidente em atletas que treinam diariamente para competições. Cada pequeno avanço, seja correr mais rápido ou levantar mais peso, aciona a liberação de dopamina, mantendo-os motivados, mesmo quando o treinamento se torna monótono. Da mesma forma, podemos ver esse ciclo em empreendedores como Elon Musk, que, apesar de enfrentar falhas iniciais com a SpaceX, continuou a investir tempo e recursos na empresa. Cada pequeno avanço, como um lançamento bem-sucedido, proporcionava a liberação de dopamina, alimentando sua determinação para continuar, mesmo diante de fracassos e críticas.

Outro aspecto importante da ciência por trás da perseverança é a neuroplasticidade, que já discutimos em outros contextos. A neuroplasticidade refere-se à capacidade do cérebro de se adaptar e mudar ao longo do tempo. Isso significa que a determinação e a perseverança podem ser desenvolvidas e fortalecidas através da prática e da experiência. Quando enfrentamos e superamos desafios, o cérebro cria novas conexões neurais que facilitam a superação de obstáculos semelhantes no futuro.

Michael Jordan é um exemplo clássico de neuroplasticidade em ação. Considerado um dos maiores atletas de todos os tempos, Jordan não foi inicialmente aceito no time de basquete da escola. Em vez de desistir, ele usou essa rejeição como motivação para treinar ainda mais. Ao longo dos anos, o esforço constante não apenas melhorou suas habilidades, mas também moldou seu cérebro para lidar com fracassos e adversidades de maneira resiliente.

Esse mesmo princípio se aplica a músicos, artistas e qualquer pessoa que pratique uma habilidade específica repetidamente. Cada vez que superamos um obstáculo, o cérebro fortalece as conexões que nos ajudam a lidar com futuros desafios, tornando-nos mais perseverantes e determinados.

O ambiente e as expectativas sociais também têm uma influência significativa na determinação e na perseverança, algo que a ciência explora através do conceito de autoeficácia, introduzido pelo psicólogo Albert Bandura. A autoeficácia refere-se à crença de uma pessoa na sua capacidade de alcançar um objetivo, e essa crença pode ser influenciada pelo ambiente, pelo apoio social e pelas experiências anteriores de sucesso ou fracasso. Em uma sala de aula, por exemplo, alunos que recebem feedback positivo e encorajamento de seus professores e colegas tendem a desenvolver uma maior autoeficácia, o que os motiva a continuar tentando, mesmo quando enfrentam dificuldades. O ambiente de apoio cria uma rede de segurança emocional que facilita a perseverança.

Um exemplo emblemático dessa influência ambiental é o caso de Thomas Edison, que todos conhecem. Ele falhou inúmeras vezes antes de finalmente inventar a lâmpada elétrica. Uma famosa frase atribuída a Edison é frequentemente citada: "Eu não falhei. Eu apenas encontrei 10 mil maneiras que não funcionam". Essa perspectiva positiva sobre o fracasso foi, em grande parte, influenciada pelo ambiente de apoio e pelas expectativas que ele tinha sobre si mesmo.

A disciplina também é um elemento fundamental da perseverança. Práticas diárias que promovem a autodisciplina, como estabelecer rotinas, definir metas e manter um diário de progresso, podem ajudar a construir e sustentar a determinação ao longo do tempo. J. K. Rowling, por exemplo, antes de se tornar uma das escritoras mais bem-sucedidas do mundo, enfrentou inúmeras rejeições de editoras. No entanto, ela continuou escrevendo diariamente, estabelecendo uma rotina rigorosa que a ajudou a manter o foco e a determinação, mesmo quando o sucesso parecia improvável.

A prática da disciplina é também evidente em atletas de alto desempenho. A rotina diária de treinos rigorosos, a alimentação controlada e o foco mental são todos componentes que não apenas constroem a capacidade física, mas também fortalecem a determinação mental. Essa disciplina cria uma base sólida para enfrentar adversidades e manter o curso, independentemente dos obstáculos que surjam no caminho.

Ao falar sobre disciplina e mentalidade, é impossível não mencionar o conceito de mentalidade de crescimento, popularizado pela psicóloga Carol S. Dweck. Pessoas com uma mentalidade de crescimento acreditam que suas habilidades e inteligências podem ser desenvolvidas ao longo do tempo através de esforço, prática e aprendizado. Essa perspectiva é fundamental para a perseverança, pois permite que as pessoas vejam o fracasso não como um obstáculo intransponível, mas como parte de um processo de aprendizado e crescimento.

No campo da ciência, esse tipo de mentalidade pode ser observado na trajetória de pesquisadores como Marie Curie, que enfrentou múltiplos desafios e fracassos em sua carreira. Curie, a primeira mulher a ganhar um prêmio Nobel e a única a ganhar um em dois campos científicos diferentes, enfrentou a resistência da comunidade científica e os riscos de saúde associados às suas pesquisas com radioatividade. No entanto, sua mentalidade de crescimento e resiliência a fez continuar tentando, o que resultou em descobertas que mudaram o curso da história.

Ao misturarmos todas essas informações, fica claro que a determinação e a perseverança são mais que apenas traços inatos; são qualidades que podem ser cultivadas e aprimoradas através de práticas diárias, apoio social e uma mentalidade positiva. Ao entender como nosso cérebro responde a desafios e recompensas, podemos desenvolver a resiliência necessária para superar obstáculos e alcançar nossos objetivos, sejam eles grandes ou pequenos. E assim, com cada esforço contínuo, moldamos não apenas nossas vidas, mas também o próprio tecido de nossas mentes.

DICAS:

- Mude o ambiente para redefinir o foco: a determinação muitas vezes pode ser sabotada pelo ambiente ao nosso redor. Se você perceber que está lutando para manter o foco em uma tarefa ou objetivo, experimente mudar de ambiente. Vá para um café, mude a disposição dos móveis no seu escritório ou até mesmo adicione elementos que te inspirem, como plantas ou objetos que simbolizem suas metas. A mudança de cenário pode criar uma nova perspectiva mental, revigorando sua determinação e dando um novo ânimo para suas tarefas diárias.

- Use a técnica do desafio pessoal: transforme suas tarefas mais difíceis em desafios pessoais. Em vez de ver uma tarefa como algo que você precisa fazer, encare-a como uma oportunidade de testar seus limites. Por exemplo, se você estiver adiando o início de um projeto complicado, desafie-se a dar os primeiros passos em um período mais curto, como uma hora. Defina um cronômetro e veja quanto você consegue avançar nesse tempo. Essa abordagem lúdica pode transformar a maneira como você encara suas obrigações, criando uma sensação de urgência e competição consigo mesmo, o que naturalmente aumenta sua determinação.

- Imponha limites construtivos: às vezes, a determinação é diluída por excesso de opções e liberdade. Experimente impor limites construtivos a si mesmo, como um "detox digital", em que você limita o uso de redes sociais durante o horário de trabalho ou define horários específicos para verificar e-mails. Esses limites ajudam a eliminar distrações e a criar um espaço mental dedicado ao seu objetivo. Você pode até limitar o número de decisões que precisa tomar diariamente, usando roupas semelhantes ou seguindo uma rotina fixa para atividades diárias, liberando energia mental para se concentrar no que realmente importa.

- Adote um ritual de início: a perseverança muitas vezes está em encontrar maneiras de começar, especialmente quando as tarefas parecem intimidantes. Adotar um ritual de início pode ajudar a criar uma conexão automática entre o início de uma atividade e o foco necessário para continuar. Pode ser algo simples, como tomar um café enquanto revisa suas metas para o dia ou escutar uma música específica antes de começar a trabalhar. Esse ritual funciona como um gatilho mental que prepara seu cérebro para a ação, tornando o processo de começar mais natural e menos oneroso. Com o tempo, seu cérebro associará esse ritual ao estado mental de produtividade, facilitando a manutenção da perseverança.

- Cultive micropersistências: grandes objetivos exigem perseverança, mas manter essa energia por longos períodos pode ser desafiador. Para construir uma base sólida de perseverança, comece cultivando micropersistências — pequenas práticas diárias que exigem consistência. Por exemplo, comprometa-se a ler uma página de um livro todos os dias ou a fazer cinco minutos de exercícios diários, independentemente das circunstâncias. Esses hábitos fortalecem a habilidade de continuar mesmo quando o desejo de parar é forte, criando uma base mental que apoia a persistência em desafios maiores, pois cada pequena vitória reforça a crença de que você pode superar obstáculos, não importa o tamanho.

Essas estratégias podem parecer incomuns, mas trabalham diretamente com o funcionamento do seu cérebro, criando novos estímulos e caminhos que fortalecem a determinação e a perseverança ao longo do tempo.

13

Neurociência e liderança: o cérebro no comando

A verdadeira liderança nasce da capacidade de inspirar e de servir aos outros com integridade e visão. Cada decisão e cada ação são tijolos na construção da confiança e do respeito. Ao liderar com o coração e a mente alinhados, você não apenas guia, mas também transforma todos ao seu redor.

Liderança é uma habilidade essencial em quase todos os âmbitos da vida, seja no ambiente corporativo, em projetos comunitários e até mesmo na família. Mas o que realmente faz um bom líder? Será que existem características cerebrais específicas que contribuem para uma liderança eficaz? A neurociência, com suas descobertas fascinantes sobre como o cérebro funciona, oferece uma nova perspectiva sobre o que significa liderar e como podemos desenvolver habilidades de gerenciamento e gestão mais eficazes.

O córtex pré-frontal, que já discutimos em capítulos anteriores, é a região do cérebro responsável pelas funções executivas — habilidades de planejamento, tomada de decisões e controle de impulsos. Para os líderes, o desenvolvimento dessa área do cérebro é essencial, pois ela está diretamente envolvida na tomada de decisões complexas e no gerenciamento de conflitos. Um líder eficaz precisa ser capaz de avaliar diferentes opções, considerar as consequências e fazer escolhas que beneficiem a equipe ou organização como um todo.

Por exemplo, em momentos de crise, um bom líder deve ser capaz de manter a calma e tomar decisões racionais, mesmo sob pressão. Essa habilidade está profundamente ligada ao funcionamento do córtex pré-frontal, que regula as respostas emocionais e mantém o foco nos objetivos de longo prazo. Um estudo conduzido pela Universidade de Toronto mostrou que líderes com maior atividade no córtex pré-frontal tendem a ser mais estratégicos e menos impulsivos, o que contribui para o sucesso organizacional.

Além das habilidades cognitivas, a liderança também envolve uma profunda compreensão das emoções e das necessidades das outras pessoas — um conceito conhecido como cérebro social. A empatia, ou a capacidade de se colocar no lugar dos outros e compreender suas emoções, é fundamental para um líder. Regiões do cérebro como o córtex cingulado anterior e a ínsula anterior são responsáveis por essa habilidade, permitindo que os líderes percebam e respondam às emoções de seus colegas e subordinados.

Essa capacidade de empatia permite ao líder inspirar, motivar e orientar suas equipes de maneira eficaz. Um líder empático é capaz de construir relações de confiança, resolvendo conflitos de maneira justa e criando um ambiente de trabalho colaborativo. Por exemplo, um líder que percebe o estresse em sua equipe pode ajustar prazos ou oferecer suporte adicional, mostrando que valoriza o bem-estar de seus colegas.

A empatia também está ligada à liberação de oxitocina, o "hormônio do amor", que promove sentimentos de confiança e conexão. Estudos mostram que líderes que praticam a empatia tendem a ter equipes mais coesas e produtivas, pois cultivam um ambiente de trabalho onde todos se sentem valorizados e compreendidos.

A motivação é outra característica crucial da liderança eficaz e está fortemente ligada ao sistema de recompensa do cérebro, particularmente à dopamina. A dopamina é o neurotransmissor que nos impulsiona a buscar objetivos e nos proporciona a sensação de prazer ao alcançá-los. Para um líder, a capacidade de se manter motivado e motivar os outros está diretamente relacionada à gestão eficaz desse sistema de recompensa.

Um líder motivado é capaz de transmitir essa energia para sua equipe, incentivando todos a trabalhar em direção a metas comuns. Isso pode ser observado em líderes carismáticos que conseguem inspirar seus colegas através de um discurso apaixonado ou de um exemplo pessoal de trabalho duro e dedicação. Um estudo publicado na *Harvard Business Review* demonstrou que líderes que mantêm altos níveis de motivação pessoal tendem a ser mais eficazes em mobilizar suas equipes e alcançar os objetivos organizacionais.

Além disso, líderes que entendem a importância de pequenas vitórias e reconhecimento frequente podem criar um ciclo positivo de dopamina para suas equipes, mantendo todos engajados e comprometidos. Por exemplo, ao celebrar pequenos marcos em um projeto, um líder pode aumentar a motivação da equipe, reforçando a ideia de que cada passo no caminho é importante e valorizado.

Liderança não tem a ver apenas com obter sucesso imediato; é também a capacidade de perseverar diante dos desafios. A resiliência é uma qualidade essencial para qualquer líder, e a neurociência mostra que ela pode ser cultivada através de uma mentalidade de crescimento. Esse conceito, que discutimos anteriormente, é a crença de que habilidades e inteligência podem ser desenvolvidas ao longo do tempo com esforço e prática.

Líderes resilientes veem os desafios como oportunidades de aprendizado e crescimento, em vez de obstáculos intransponíveis. Essa perspectiva é apoiada pela neuroplasticidade, a capacidade do cérebro de se adaptar e mudar em resposta a novas experiências, como vimos. Quando um líder enfrenta um fracasso ou uma crise, a maneira como ele responde pode definir o sucesso futuro da equipe. Ao se valer de uma mentalidade de crescimento, ele é capaz de refletir sobre os erros, aprender com eles e usar essas lições para guiar a equipe com mais sabedoria no futuro.

Pense, por exemplo, em líderes como Steve Jobs, que enfrentou o fracasso ao ser demitido da Apple, a empresa que ele próprio fundou. Em vez de desistir, Jobs usou essa experiência como uma oportunidade para aprender e crescer, o que eventualmente o levou a retornar à Apple e transformá-la na gigante da tecnologia que conhecemos hoje. Sua resiliência e sua capacidade de ver o fracasso como lição, em vez de derrota, são características que definem um líder verdadeiramente eficaz.

Entender esses processos não só nos ajuda a identificar o que torna um líder eficaz, mas também nos dá ferramentas para desenvolver essas habilidades em nós mesmos. Com a prática e o desenvolvimento contínuos, todos nós podemos cultivar a determinação, a empatia, a motivação e a resiliência necessárias para liderar com sucesso em qualquer área da vida. Afinal, a liderança é tanto uma ciência quanto uma arte, e o cérebro humano, com sua incrível capacidade de adaptação e crescimento, é a chave para desbloquear esse potencial.

DICAS:

- A importância de ouvir ativamente: é fácil subestimar o poder de simplesmente ouvir. Em um mundo onde todos estão tentando falar mais alto, o verdadeiro líder é aquele que sabe escutar. Ao dedicar atenção total a alguém, sem interromper ou julgar, você constrói uma base de confiança. Essa prática não só melhora a comunicação dentro da equipe, mas também fortalece suas próprias conexões neurais ligadas à empatia. Então, quando estiver em uma reunião ou conversando com alguém da sua equipe, considere realmente absorver o que está sendo dito. Isso pode mudar a dinâmica do relacionamento e deixar o ambiente de trabalho mais colaborativo.
- A autorregulação como ferramenta: liderar sob pressão pode ser complicado, mas aqueles que conseguem manter a calma e tomar decisões racionais têm uma vantagem. Técnicas simples, como a respiração profunda ou pausas momentâneas, podem ajudar a man-

ter o controle emocional. Isso não só permite que você lide melhor com situações estressantes, mas também melhora a qualidade das decisões que toma. Com o tempo, essa prática fortalece o córtex pré-frontal, a área do cérebro que controla a autorregulação, ajudando a manter o foco e a clareza em meio ao caos.

- Pequenas recompensas e motivação contínua: o cérebro humano adora ser recompensado, e isso se aplica tanto aos líderes quanto às suas equipes. Em vez de esperar grandes conquistas para celebrar, valorizar as pequenas vitórias pode manter todos motivados ao longo do caminho. Esse reconhecimento contínuo mantém a dopamina em alta, o que, por sua vez, promove um ambiente de trabalho mais engajado e produtivo. Algo simples, como um agradecimento sincero ou uma breve comemoração, pode fazer uma grande diferença na maneira como sua equipe se sente e trabalha.

- Incorporar a mentalidade de crescimento no dia a dia: acreditar que podemos aprender e crescer com nossas experiências é um recurso poderoso. Como líder, ao encorajar sua equipe a adotar essa perspectiva, você cria um ambiente em que o aprendizado contínuo é valorizado. Ver os desafios como oportunidades, em vez de obstáculos, aumenta a resiliência de cada membro da equipe e fomenta uma cultura de inovação e desenvolvimento constantes. E quando todos ao seu redor compartilham dessa visão, a equipe como um todo se torna mais forte e adaptável.

14

A neurociência por trás das conexões humanas

Relacionamentos são como jardins: florescem quando nutridos com atenção e cuidado. Cada gesto de compreensão e empatia fortalece as raízes das conexões humanas. E, ao cultivar a capacidade de se conectar genuinamente com os outros, você não apenas enriquece sua vida, mas também cria um solo fértil para o crescimento mútuo.

Não é exagero dizer que os relacionamentos são o tecido da nossa existência. Desde os laços que formamos com a família, passando pelas amizades e parcerias românticas, até as interações no trabalho, nossa vida é definida e moldada pelas conexões que estabelecemos com os outros. Mas o que a neurociência nos revela sobre como essas interações se formam, se mantêm e, em alguns casos, se desintegram? Este capítulo explora a ciência por trás dos vínculos que criamos, oferecendo uma visão mais profunda de como o cérebro influencia nossas parcerias e de como podemos usar esse conhecimento para melhorar nossas conexões.

A oxitocina, ou "hormônio do amor", desempenha um papel crucial na formação e na manutenção de laços emocionais. Ela é liberada durante momentos de intimidade, como abraços e beijos, e também durante o parto e a amamentação, criando uma forte conexão entre mãe e filho. Mas seu papel vai além das relações familiares. Em qualquer tipo de ligação íntima, a oxitocina ajuda a criar um sentimento de confiança e proximidade.

Imagine um casal que está começando a se conhecer. Nos primeiros encontros, quando os toques começam a ser mais frequentes, e os olhares, mais prolongados, a liberação de oxitocina contribui para a formação de uma conexão emocional. Esse vínculo não é apenas emocional; ele tem uma base biológica, nos faz sentir seguros e próximos de quem amamos.

· 127 ·

Estudos demonstram que níveis elevados de oxitocina estão associados a comportamentos como a empatia e a cooperação, essenciais para manter relacionamentos saudáveis. Em contrapartida, baixos níveis de oxitocina podem estar ligados a sentimentos de desconfiança e à dificuldade de formar vínculos emocionais. Isso explica, em parte, por que algumas pessoas podem achar mais difícil estabelecer conexões profundas, enquanto outras parecem fazer isso com facilidade.

Além da oxitocina, a dopamina e a serotonina também desempenham papéis protagonistas em nossos laços interpessoais. A dopamina é o neurotransmissor associado ao prazer e à recompensa. Quando estamos com pessoas que amamos ou nos sentimos felizes em uma associação, nossos níveis de dopamina aumentam, criando uma sensação de bem-estar e contentamento. Por isso, momentos de diversão compartilhados com amigos ou a emoção de estar apaixonado são tão agradáveis; eles ativam os sistemas de recompensa do cérebro.

Por outro lado, a serotonina está mais ligada ao bem-estar geral e à regulação do humor. Ela ajuda a estabilizar nosso humor, promove sentimentos de felicidade e combate a ansiedade. Nos relacionamentos, a serotonina é importante porque nos ajuda a manter a estabilidade emocional, essencial para lidar com os altos e baixos que qualquer conexão inevitavelmente enfrenta.

Considere um namoro ou casamento de longo prazo. Nos primeiros meses, a paixão é alimentada por altos níveis de dopamina, que intensificam as emoções e fazem tudo parecer excitante e novo. À medida que o relacionamento amadurece, a serotonina entra em cena, ajudando a manter a estabilidade e a paz, fundamentais para um vínculo duradouro. Esse equilíbrio entre dopamina e serotonina é o que mantém o vínculo saudável entre o casal, permitindo que a relação evolua de uma paixão intensa para um amor mais profundo e estável.

Enquanto neurotransmissores como oxitocina, dopamina e serotonina desempenham papéis importantes, estruturas cerebrais como a amígdala e o córtex pré-frontal também têm uma influência significativa sobre nossos relacionamentos. A amígdala é a parte do cérebro responsável por processar emoções como medo e raiva. Ela pode ser ativada em situações de conflito ou estresse entre parceiros, levando a reações emocionais intensas.

No entanto, o córtex pré-frontal pode moderar a resposta da amígdala. Ele ajuda a avaliar a situação de forma mais equilibrada, permitindo que você responda a um conflito de maneira mais calma e racional. Por exemplo, se você e seu parceiro têm uma discussão acalorada, a amígdala pode desencadear uma resposta emocional intensa, mas o córtex pré-frontal pode ajudar a desacelerar e pensar antes de reagir, promovendo uma resolução mais pacífica.

Essa dinâmica entre a amígdala e o córtex pré-frontal é crucial para a manutenção de relações saudáveis. Ligações que carecem de equilíbrio entre emoção e racionalidade podem se desgastar rapidamente. Pessoas que conseguem manter esse equilíbrio tendem a ser mais eficazes na resolução de conflitos e mais capazes de sustentar vínculos de longo prazo.

Um dos conceitos mais fascinantes da neurociência no contexto dos relacionamentos é o das células-espelho. Essas células são ativadas quando realizamos uma ação e quando observamos outra pessoa realizando a mesma ação. Elas estão intimamente ligadas à nossa capacidade de empatia e conexão emocional com os outros.

Imagine uma situação em que você vê um amigo machucar o dedo. Suas células-espelho são ativadas, e você pode até mesmo sentir uma pequena dor ou desconforto ao testemunhar o incidente, como se estivesse experimentando o que seu amigo está sentindo. Esse mecanismo é o que nos permite sentir a dor ou a alegria dos outros, e é fundamental para a construção de conexões emocionais profundas.

O espelhamento neuronal também explica por que as emoções podem ser tão contagiosas em grupos. Se você está em um ambiente onde todos estão animados e felizes, suas células-espelho vão refletir essas emoções, aumentando seus próprios sentimentos de felicidade. Da mesma forma, em um ambiente de tensão ou tristeza, você pode começar a se sentir desconfortável ou triste, mesmo sem uma razão pessoal para isso.

Essa capacidade de sentir com o outro é essencial em todos os tipos de aliança. Desde amizades até parcerias românticas e interações no trabalho, a empatia que nasce do espelhamento neuronal possibilita que a gente entenda e se conecte com os outros de maneira mais profunda.

Os relacionamentos no ambiente de trabalho são um campo interessante para a neurociência. Enquanto amizades e relações românticas são muitas vezes baseadas em escolhas pessoais e atração mútua, os relacionamentos no trabalho são frequentemente moldados por hierarquias e papéis profissionais. Mesmo assim, as mesmas regras neurológicas que governam nossos encontros pessoais também se aplicam aqui.

A oxitocina, por exemplo, desempenha um papel na confiança e na cooperação entre colegas de trabalho. Estudos mostram que equipes que compartilham altos níveis de confiança tendem a ser mais eficazes e a alcançar melhores resultados. A empatia e o espelhamento neuronal também são cruciais, pois permitem que os colegas compreendam as perspectivas uns dos outros, facilitando a colaboração e a resolução de conflitos.

Por outro lado, o desequilíbrio nas respostas emocionais pode causar problemas. Por exemplo, um líder que não consegue controlar a ativação da sua amígdala pode responder de forma exagerada ao estresse ou aos erros de sua equipe, tornando o ambiente de trabalho tenso e improdutivo. Em contraste, líderes que utilizam bem o córtex pré-frontal e conseguem manter a calma mesmo sob pressão são capazes de guiar sua equipe de maneira eficaz.

A ciência também nos mostra que nossos relacionamentos têm impacto direto na nossa saúde mental e física. Estudos demonstram que pessoas com conexões fortes e saudáveis tendem a viver mais e com melhor saúde física. Isso se deve, em parte, ao suporte emocional que esses laços fornecem, ajudando a reduzir o estresse e a ansiedade.

Por outro lado, relacionamentos abusivos podem ter o efeito oposto. A exposição constante ao estresse emocional pode levar a níveis elevados de cortisol, o hormônio do estresse, o que pode resultar em problemas de saúde mental e física, como depressão, ansiedade, pressão alta e problemas cardíacos.

Entender a neurociência por trás das conexões humanas nos oferece ferramentas poderosas para melhorar nossas interações com os outros. Desde o papel de neurotransmissores como oxitocina, dopamina e serotonina até a dinâmica entre a amígdala e o córtex pré-frontal, cada aspecto do nosso cérebro influencia a maneira como nos comportamos socialmente. Ao aplicar esse conhecimento, você certamente cultivará relações mais saudáveis, satisfatórias e duradouras, seja com família, amigos, parceiros românticos ou colegas de trabalho.

Além disso, ao compreender os mecanismos neurológicos que afetam nossas interações, podemos desenvolver habilidades de comunicação melhores, aumentar nossa empatia e construir ambientes em que todos se sintam valorizados e compreendidos. Afinal, os relacionamentos não são apenas uma parte da nossa vida; eles são a base de quem somos e de como nos movemos pelo mundo.

DICAS:

- Use e abuse da oxitocina: quando você percebe que está se sentindo especialmente conectado a alguém, seja um parceiro, amigo ou colega, pode agradecer à oxitocina. Esse "hormônio do amor" não só ajuda a construir laços fortes como também promove sentimentos de confiança e empatia. Saber disso pode mudar a maneira como você se envolve em seus relacionamentos. Imagine, por exemplo, que um simples abraço pode realmente fortalecer um vínculo, liberando oxitocina e aprofundando a conexão emocional entre você e a outra pessoa.

- Use a comunicação para equilibrar emoção e racionalidade: sabe aquele momento em que você está prestes a perder a paciência durante uma discussão? É a amígdala entrando em ação. Mas, para evitar que as emoções tomem conta, o córtex pré-frontal pode ajudar a moderar essa reação. Antes de responder impulsivamente, tente respirar fundo e dê um tempo para que seu cérebro processe a situação de forma mais racional. Isso pode não só evitar conflitos desnecessários como também fortalecer o relacionamento ao mostrar que você valoriza a resolução pacífica.

- Preste atenção no espelhamento emocional: já percebeu como o humor de uma pessoa pode influenciar o de todo o grupo ou equipe? Isso é o espelhamento neuronal em ação. Estar consciente desse fenômeno pode ajudar você a escolher como deseja influenciar os outros ao seu redor. Em uma reunião ou em uma situação social, procure projetar uma energia positiva. Seu estado emocional pode ser contagioso e criar um ambiente positivo pode melhorar as interações e fortalecer os laços com as pessoas ao seu redor.

- Valorize os pequenos gestos de confiança: a confiança é a base de qualquer relacionamento forte, e pequenas ações podem ter um grande impacto. Um elogio sincero, uma palavra de apoio ou mesmo um simples "obrigado" podem aumentar os níveis de oxitocina tanto em você quanto na outra pessoa. Em situações de trabalho, por exemplo, quando você reconhece o esforço de um colega, não está apenas construindo um relacionamento melhor — está promovendo um ambiente de cooperação e respeito mútuo.

15

Neurociência, carreira e realização profissional

Na busca por realização profissional, a mente é tanto o arquiteto quanto o construtor. Cada decisão, cada esforço, é uma peça colocada na construção do seu futuro. Ao alinhar suas ambições com suas ações, você não só alcança seus objetivos como também encontra propósito na jornada.

A carreira e a busca por realização profissional são aspectos centrais da vida da maioria das pessoas. Seja qual for o caminho escolhido, todos buscamos um sentido, um propósito no trabalho que exercemos, além da recompensa financeira. A neurociência oferece uma perspectiva fascinante sobre como o cérebro influencia nossas ambições, motivações e o desejo de alcançar o sucesso profissional. Neste capítulo, vamos entender como nossos circuitos neurais moldam nossa trajetória profissional e como você pode usar esse conhecimento para atingir suas metas e se realizar em sua área de interesse.

Quando falamos de ambição e motivação, a dopamina é o neurotransmissor que rapidamente entra em cena. A dopamina é muitas vezes chamada de hormônio do prazer, mas seu papel vai muito além de simplesmente nos fazer sentir bem. Ela é essencial para a motivação, pois regula a sensação de recompensa ao alcançar uma meta. Cada vez que avançamos em direção a um objetivo — seja fechar um grande negócio, concluir um projeto importante ou receber uma promoção —, nossos níveis de dopamina aumentam, criando uma sensação de satisfação que nos impulsiona a continuar.

Por exemplo, pense em como você se sente quando finalmente completa uma tarefa que vinha adiando há dias. A sensação de alívio e realização é, em grande parte, alimentada pela liberação de dopamina. É essa mesma química cerebral que faz alguns de nós serem naturalmente mais ambiciosos — estamos constantemente em busca da próxima dose de satisfação e recompensa. Isso pode explicar por que algumas pessoas têm uma tendência maior a se envolver em projetos desafiadores ou a sempre buscar novas oportunidades de crescimento.

No entanto, o equilíbrio é fundamental. Se a procura por dopamina se torna excessiva, podemos nos encontrar presos em um ciclo interminável de busca por realizações, nunca realmente satisfeitos com o que conquistamos. É importante encontrar um meio-termo entre a ambição e a capacidade de apreciar as conquistas ao longo do caminho.

O córtex pré-frontal, que já discutimos em vários outros contextos, é responsável por muitas das funções executivas que moldam nossa carreira. Ele nos ajuda a planejar, tomar decisões e avaliar as consequências de nossas ações. Quando se trata de escolhas profissionais, seu papel é essencial para pesar os prós e contras de cada decisão, considerar o impacto a longo prazo e alinhar essas escolhas com nossos valores e objetivos de vida.

Por exemplo, imagine que você está considerando uma transição para outra área profissional. O córtex pré-frontal entra em ação quando você avalia os benefícios de uma nova oportunidade *versus* os riscos de abandonar sua posição atual. Ele também ajuda a alinhar essa decisão com suas metas de longo prazo, como a estabilidade financeira, o desenvolvimento pessoal e a busca por um trabalho que traga significado e propósito.

Além disso, essa parte do cérebro é fundamental para a autorregulação, que é a capacidade de resistir a tentações e focar em metas de longo prazo. Isso é especialmente importante na carreira, em que a paciência e a persistência são frequentemente necessárias para alcançar o sucesso. Se você estiver trabalhando em um projeto de longo prazo ou buscando uma promoção, é o córtex pré-frontal que ajuda a manter o foco, mesmo quando do os resultados demoram a aparecer.

Uma das coisas mais poderosas que a neurociência nos ensina é o conceito de neuroplasticidade — a capacidade do cérebro de se adaptar e mudar ao longo do tempo. Isso significa que nossas habilidades profissionais não estão congeladas em um determinado nível; podemos continuar aprendendo e nos desenvolvendo, independentemente da idade ou do estágio da jornada.

Por exemplo, se você deseja aprender uma habilidade nova, como programação ou um novo idioma, a neuroplasticidade permite que seu cérebro forme novas conexões neurais à medida que você pratica. Cada vez que você enfrenta um novo desafio ou aprende algo novo, seu cérebro muda, tornando-se mais eficiente nessas tarefas. Isso também significa que, mesmo que você enfrente dificuldades iniciais, a prática constante pode levar ao domínio de novas habilidades.

Na vida cotidiana, isso pode ser visto em profissionais que decidem mudar de carreira ou aprender uma nova habilidade após anos de experiência em outra área. A capacidade do cérebro de se adaptar e aprender é o que permite que essa transição seja bem-sucedida. Não importa quantos anos você tenha ou há quanto tempo esteja em um determinado emprego, sempre há potencial para crescimento e aprendizado.

No decorrer de qualquer caminho, os obstáculos são inevitáveis. A capacidade de perseverar diante das dificuldades — o que muitas vezes chamamos de resiliência — é crucial para o sucesso no longo prazo. A neurociência nos mostra que a resiliência é uma questão não apenas de força de vontade, mas também de como nosso cérebro reage ao estresse e à adversidade.

Quando enfrentamos um desafio ou uma crise no trabalho, o sistema límbico do cérebro, incluindo a amígdala, pode ativar uma resposta de "luta ou fuga". Isso é útil em situações de perigo imediato, mas pode ser prejudicial quando se trata de desafios de longo prazo, como pressões no trabalho ou frustrações com o progresso do seu desenvolvimento na empresa. A chave para a resiliência é a capacidade de controlar essa resposta emocional e manter o foco nos objetivos a longo prazo, algo que o córtex pré-frontal ajuda a gerenciar.

Um exemplo prático disso pode ser visto em profissionais que enfrentam um grande revés, como a perda do emprego ou um fracasso em um projeto importante. Aqueles que conseguem reavaliar a situação, aprender com o fracasso e usar essa experiência para crescer tendem a se recuperar mais rapidamente e a avançar em suas carreiras. A prática de reavaliação cognitiva, que já discutimos antes, é uma ferramenta útil para transformar desafios em oportunidades de aprendizado, fortalecendo a resiliência ao longo do tempo.

No final das contas, vencer profissionalmente significa muito mais do que apenas alcançar metas e ganhar dinheiro — trata-se de encontrar propósito e realização. A neurociência sugere que o propósito e o significado são fundamentais para o bem-estar e a satisfação. Quando sentimos que nosso trabalho tem um impacto positivo, seja ajudando os outros ou contribuindo para um objetivo maior, ou simplesmente quando fazemos algo que amamos, o cérebro recompensa essa sensação com a liberação de neurotransmissores que promovem o bem-estar, como a serotonina e a oxitocina.

Considere, por exemplo, profissionais que optam por carreiras em áreas como educação, saúde ou serviço social. Embora esses trabalhos possam não oferecer as maiores recompensas financeiras, muitas vezes trazem um profundo senso de realização e propósito, essencial para o bem-estar mental e emocional. Essa realização está enraizada na maneira como o cérebro responde ao propósito — quando sentimos que estamos fazendo algo significativo, nossos níveis de estresse diminuem, a satisfação aumenta e a saúde mental melhora.

Essa busca por propósito também pode ser vista em empreendedores que criam negócios em torno de suas paixões ou em pessoas que mudam de carreira para seguir um sonho. A realização profissional não é apenas uma questão de sucesso externo, mas de alinhamento entre o que fazemos e o que valorizamos.

Compreender como o cérebro influencia a escolha de profissão, a ambição e a busca por realização me deu uma vantagem significativa na construção de uma trajetória profissional bem-sucedida e satisfatória na área jurídica e também como palestrante. Desde o papel da dopamina na minha própria motivação até a importância da neuroplasticidade no desenvolvimento de habilidades que eu antes não possuía, a neurociência me ofereceu insights valiosos e que me ajudam até hoje a encontrar maior significado no trabalho que realizo.

Portanto, seja você um jovem profissional no início da carreira ou um veterano em busca de novas oportunidades, nunca duvide de que conhecer o funcionamento do seu cérebro pode ser a chave para liberar seu potencial e alcançar a realização que deseja.

DICAS:

- Entenda o papel da dopamina na sua motivação: esse neurotransmissor é o combustível que impulsiona sua ambição. Saber que ele está por trás da sensação de recompensa pode ajudar você a reconhecer quando está sendo motivado por um verdadeiro desejo de realização ou apenas pela busca de satisfação rápida. Pense em como você se sente ao alcançar uma meta importante no trabalho — a euforia que experimenta é a dopamina em ação. Usar essa consciência para definir metas claras e celebrar pequenas vitórias ao longo do caminho manterá seus níveis de motivação elevados e direcionados.
- Desenvolva novas habilidades com a neuroplasticidade em mente: a neuroplasticidade nos ensina que

nunca é tarde para aprender algo novo ou mudar de direção na carreira. Se você se sente estagnado, lembre-se de que seu cérebro é sempre capaz de formar novas conexões. Isso significa que, com prática e esforço, você pode adquirir novas habilidades, seja aprender uma nova língua, dominar uma ferramenta tecnológica ou até mudar completamente de área profissional. A chave está na prática contínua e na exposição a novos desafios.

- Use a reavaliação cognitiva para fortalecer sua resiliência: todos enfrentamos desafios na carreira, mas a maneira como você lida com esses obstáculos pode determinar seu sucesso no longo prazo. A reavaliação cognitiva — o processo de reformular a maneira como você vê uma situação — pode ser uma ferramenta poderosa. Em vez de ver um fracasso como um golpe final, reinterprete-o como uma oportunidade de aprendizado. Essa prática não só ajuda a superar dificuldades, mas também constrói resiliência, permitindo que você enfrente desafios futuros com mais confiança e perspectiva.

- Busque um propósito alinhado aos seus valores: a realização profissional não se resume apenas ao sucesso financeiro ou à progressão na carreira; ela também está profundamente ligada ao propósito e ao sentido que você encontra no seu trabalho. Quando você alinha sua carreira com seus valores pessoais, o trabalho deixa de ser apenas uma obrigação e se torna uma fonte de satisfação. Reflita sobre o que é mais importante para você — ajudar os outros, inovar, criar? Encontrar esse alinhamento pode não só aumentar sua satisfação profissional, mas também melhorar sua saúde mental e seu bem-estar geral.

- Cultive a autorregulação para decisões mais eficazes: a capacidade de controlar impulsos e focar metas de longo prazo é uma das funções mais importantes do córtex pré-frontal. Para tomar decisões profissionais mais eficazes, desenvolva sua autorregulação através de práticas como a meditação ou técnicas de respiração. Isso ajuda a manter a calma sob pressão, avaliar as opções com clareza e escolher o caminho que melhor se alinhe com seus objetivos. No dia a dia, isso pode significar pausar antes de responder um e-mail estressante ou reservar um tempo para refletir antes de tomar uma grande decisão.

16

Sua mente por trás das
decisões econômicas

Dinheiro é uma ferramenta, e a mente que o controla determina o seu verdadeiro valor. Quando o gerenciamento financeiro é guiado por clareza e propósito, ele se torna um aliado poderoso na construção da vida que você deseja. Cultive a disciplina financeira e permita que a segurança que ela traz alimente sua paz de espírito.

As finanças são parte importante da vida de todos nós. Desde pequenas decisões diárias, como o que comprar no supermercado, até grandes escolhas de investimento, o modo como gerenciamos nosso dinheiro tem um impacto profundo em nossa qualidade de vida e no nosso bem-estar geral. No entanto, muitas vezes subestimamos o papel do cérebro nesse processo. A neurociência oferece uma visão interessante de como as nossas decisões financeiras são moldadas pelos circuitos neurais e de como podemos usar esse conhecimento para melhorar nossa saúde financeira.

Vamos começar com algo simples: a sensação que você tem ao comprar algo que deseja. A dopamina, o neurotransmissor associado à recompensa e ao prazer, é uma peça-chave nesse processo. Quando você está prestes a comprar um novo dispositivo ou aquele par de sapatos que você tanto queria, a expectativa da compra ativa o sistema de recompensa do cérebro, aumentando os níveis de dopamina. Esse aumento gera uma sensação de prazer que pode ser viciante e, em muitos casos, leva a compras impulsivas.

Um exemplo cotidiano disso pode ser observado durante promoções e liquidações. A ideia de conseguir algo por um preço reduzido pode ativar ainda mais o sistema de recompensa, passando a impressão de que você está fazendo um ótimo negócio, mesmo que o item não seja realmente necessário. Essa é uma estratégia amplamente utilizada pelo marketing: criar um senso de urgência para aumentar a dopamina e, consequentemente, as vendas.

No entanto, esse comportamento de compra impulsiva pode ter consequências financeiras negativas no longo prazo. Gastar dinheiro em itens que não são necessários pode prejudicar o orçamento e dificultar a construção de uma reserva financeira sólida. Reconhecer que a dopamina está influenciando suas decisões pode ajudar você a pausar e refletir antes de fazer uma compra, garantindo que suas escolhas sejam mais racionais e alinhadas com seus objetivos de longo prazo.

Enquanto a dopamina pode nos empurrar para decisões impulsivas, o córtex pré-frontal nos ajuda a fazer escolhas mais ponderadas e racionais. É essa parte do cérebro que entra em ação quando você está avaliando os prós e contras de uma decisão financeira, como a escolha de fazer um grande investimento para comprar uma casa.

Por exemplo, imagine que você está pensando em comprar um carro novo. O córtex pré-frontal o ajuda a considerar não apenas o custo inicial do carro, mas também as despesas contínuas, como seguro, manutenção e combustível. Ele também permite que você leve em conta o impacto dessa compra em suas finanças futuras, pensando se é melhor economizar esse dinheiro ou usá-lo para outra coisa.

No entanto, o córtex pré-frontal também pode ser sobrecarregado, especialmente em situações de estresse ou quando você precisa tomar decisões rapidamente. Em tais casos, a tomada de decisões financeiras pode se tornar mais impulsiva e menos racional, levando a escolhas das quais você pode se arrepender mais tarde. Por isso, é útil criar hábitos que fortaleçam essa região do cérebro, como praticar a autorregulação e o planejamento financeiro.

A aversão à perda é um fenômeno psicológico com raízes profundas na neurociência. Em termos simples, as pessoas tendem a sentir mais dor ao perder algo do que prazer ao ganhar algo de valor equivalente. Esse viés é amplamente influenciado pela amígdala, envolvida na resposta à emoção.

No contexto financeiro, a aversão à perda se manifesta de várias maneiras. Por exemplo, um investidor pode hesitar em vender ações em queda, na esperança de que elas se recuperem, mesmo quando as evidências sugerem que é melhor cortar as perdas. Essa hesitação pode ser mais emocional do que racional, já que a amígdala está essencialmente dizendo ao cérebro que perder dinheiro é uma ameaça.

Um exemplo mais cotidiano pode ser observado em decisões de seguro. Muitas pessoas optam por comprar seguros adicionais, mesmo quando as probabilidades de precisar deles são baixas. A ideia de perder algo valioso, mesmo que a perda seja improvável, é suficientemente poderosa para fazer as pessoas pagarem para evitar essa possibilidade.

Compreender a aversão à perda pode ajudar você a tomar decisões financeiras mais equilibradas. Saber que seu cérebro pode estar exagerando o impacto potencial de uma perda pode permitir que você tome decisões mais racionais, baseadas em dados e probabilidades, em vez de em reações emocionais.

A neuroeconomia é um campo de estudo que combina neurociência, economia e psicologia para entender como tomamos decisões financeiras, oferecendo insights sobre as razões pelas quais algumas pessoas são mais avessas ao risco, enquanto outras são mais propensas a se arriscar em investimentos.

Por exemplo, estudos de neuroimagem mostraram que, ao considerar um investimento de alto risco, áreas do cérebro associadas ao prazer (como o núcleo accumbens) podem ser ativadas, especialmente em pessoas mais propensas ao risco. Essas pessoas podem sentir uma excitação semelhante à de jogar em um cassino ao fazer investimentos arriscados, levando a decisões impulsivas.

Por outro lado, pessoas com uma maior aversão ao risco podem ter uma ativação mais forte na amígdala, fazendo com que se concentrem mais nos possíveis resultados negativos do investimento do que nas recompensas potenciais. Essas pessoas podem optar por investimentos mais seguros, mesmo que as recompensas sejam menores.

Entender esses diferentes impulsos pode ajudar a personalizar suas estratégias de investimento. Se você sabe que é mais propenso a assumir riscos, pode decidir implementar medidas para moderar esse comportamento, como contratar um consultor financeiro ou estabelecer limites claros para seus investimentos. Se, por outro lado, você tende a ser muito avesso ao risco, pode trabalhar para equilibrar essa tendência com uma análise mais racional dos possíveis benefícios.

A neurociência também nos ensina a importância da educação financeira. Compreender como o cérebro influencia nossas decisões nos torna mais conscientes de nossos próprios vieses, melhorando nossa autorregulação financeira. Isso pode incluir práticas simples, como criar um orçamento, automatizar economias ou aprender a investir de forma estratégica.

Por exemplo, quando você automatiza suas economias, está usando o poder da neurociência a seu favor. Em vez de depender da força de vontade para economizar dinheiro todos os meses, a automação remove a necessidade de tomar essa decisão repetidamente, reduzindo a carga sobre o córtex pré-frontal. Isso não só facilita a manutenção de hábitos financeiros saudáveis, mas também ajuda a evitar o desgaste mental associado à tomada de decisões repetitivas.

A autorregulação também é essencial em situações de estresse financeiro. Durante períodos de crise, o estresse pode afetar negativamente a capacidade do córtex pré-frontal de tomar decisões racionais. Nesses momentos, ter um plano financeiro previamente estabelecido pode ser uma âncora importante, pois permite que você mantenha o curso sem ceder a impulsos emocionais.

Entender a neurociência por trás das finanças nos dá uma vantagem significativa na busca por uma vida financeira saudável e equilibrada. Desde o papel da dopamina na motivação de compras até a aversão à perda mediada pela amígdala, cada aspecto do cérebro influencia nossas decisões de maneiras sutis, mas poderosas.

Assim como em outros aspectos da vida, nossas finanças são um reflexo de como nosso cérebro opera. Espero que, ao entender e trabalhar com esses mecanismos, você construa um futuro financeiro mais sólido e gratificante.

DICAS:

- Esteja atento ao impacto emocional das suas decisões financeiras: por menores que sejam, as decisões financeiras muitas vezes vêm carregadas de emoções. Talvez você nem perceba, mas o simples ato de gastar ou economizar pode despertar sentimentos que influenciam suas escolhas. Então, ao invés de ignorar essas emoções, tente prestar atenção nelas. Por exemplo, se você perceber que está comprando algo como uma forma de aliviar o estresse ou a ansiedade, pare e reflita. Às vezes, só de reconhecer o que está por trás do impulso de gastar, você consegue evitar uma compra desnecessária e fazer uma escolha mais consciente.

- Use a visualização para fortalecer seus objetivos financeiros: sabe aquela técnica de visualização que muitos atletas usam para melhorar o desempenho? Ela pode ser aplicada às finanças também. Tente imaginar como seria atingir suas metas financeiras — como você se sentiria ao pagar todas as suas dívidas, ter uma reserva de emergência ou até mesmo alcançar um grande objetivo, como a compra de uma casa. Visualizar esses cenários positivos pode ajudar você a manter o foco e a seguir seu plano financeiro, mesmo quando surgem tentações.

- Reconheça os sinais de sobrecarga mental em relação ao dinheiro: lidar com finanças pode ser mentalmente desgastante, especialmente quando você está tentando equilibrar muitas responsabilidades ao mesmo tempo. Se você sentir que está ficando sobrecarregado, isso pode ser um sinal de que é hora de simplificar. Tente dividir suas tarefas financeiras em etapas menores e mais gerenciáveis, ou mesmo reservar um tempo na semana para revisar suas finanças, em vez de tentar resolver tudo de uma vez. Isso pode aliviar a pressão e tornar o processo mais tranquilo.

- Leve em conta o impacto social nas suas decisões financeiras: nem sempre percebemos, mas as decisões financeiras também são influenciadas pelo ambiente social — amigos, família, colegas de trabalho. Por exemplo, você já comprou algo porque viu alguém próximo fazendo o mesmo? É mais comum do que parece. Por isso, vale a pena se perguntar até que ponto suas escolhas estão sendo motivadas por fatores externos. Talvez fazer compras sozinho ou evitar certas conversas sobre finanças possa ajudar a manter o foco nas suas próprias metas.

- Use a técnica do "se... então...": uma técnica simples que pode ajudar a tomar decisões financeiras mais conscientes é a do "se... então...". Funciona assim: antes de fazer uma compra ou tomar uma decisão financeira, estabeleça um critério claro. Por exemplo: "Se eu for gastar mais de cem reais em algo, então vou esperar 24 horas antes de fazer a compra". Isso cria um pequeno espaço para reflexão e pode prevenir decisões impulsivas. Esse tipo de acordo pode ser surpreendentemente eficaz para manter o controle sobre os seus gastos.

17

Tomada de decisões sob pressão

A neurociência nos ensina que, em momentos críticos, é a capacidade de manter a calma e confiar nos processos mentais que faz a diferença. Sob pressão, as escolhas que fazemos revelam não apenas nossa preparação, mas também a resiliência do nosso sistema nervoso em transformar estresse em clareza e ação eficaz.

Tomar decisões é uma parte inevitável da vida, mas fazer isso sob pressão é algo que realmente testa nossas capacidades. Eu já passei por isso inúmeras vezes, fosse no tribunal, diante de juízes e promotores, fosse nos tempos em que ainda era um jovem em busca de oportunidades. Se você já esteve em uma situação na qual precisava decidir rapidamente entre duas opções igualmente importantes, sabe como pode ser difícil manter a clareza e o foco. A neurociência traduz o funcionamento do nosso cérebro nessas situações, revelando por que às vezes tomamos decisões brilhantes e, em outras, cometemos erros que parecem óbvios em retrospecto.

Quando estamos sob pressão, o cérebro entra em modo de alerta máximo. A amígdala ativa uma resposta de "luta ou fuga" que pode ser útil em situações de perigo físico imediato — como se você estivesse sendo perseguido por um animal selvagem —, mas também menos útil quando o perigo em questão é uma decisão importante que precisa ser tomada rapidamente, como a resolução de uma crise no trabalho.

O córtex pré-frontal, por sua vez, pode ajudar a moderar essa resposta emocional intensa. No entanto, em situações de alta pressão, essa parte do cérebro pode ficar sobrecarregada, dificultando a avaliação clara das opções e levando a decisões mais emocionais do que lógicas.

Um exemplo claro de tomada de decisão sob pressão pode ser encontrado no ambiente de uma sala de cirurgia. Imagine um cirurgião enfrentando uma situação crítica durante uma operação — talvez uma complicação inesperada tenha surgido e ele precise decidir como proceder. Nesse momento, o cirurgião deve balancear a pressão do tempo, a complexidade do procedimento e a responsabilidade de manter o paciente seguro.

Para um cirurgião, manter a calma e tomar decisões rápidas e eficazes pode significar a diferença entre a vida e a morte. A neurociência explica que é crucial, em tais momentos, a habilidade do médico de controlar sua resposta emocional, mantendo o foco e usando o córtex pré-frontal para avaliar rapidamente as opções. Muitos cirurgiões desenvolvem essa capacidade ao longo de anos de prática, em que são comuns situações de alta pressão; logo, o cérebro se adapta para lidar melhor com esse estresse.

A boa notícia é que o cérebro pode ser treinado para melhorar a tomada de decisões sob pressão. Profissionais em campos como medicina, forças armadas e até mesmo pilotos de avião passam por treinamentos intensivos para fortalecer suas respostas em situações críticas. Simulações e cenários realistas ajudam a preparar o cérebro para responder de maneira mais eficaz quando confrontado com uma situação real. Essa prática contínua é uma forma de "musculação" para o córtex pré-frontal, aumentando sua resistência ao estresse.

Um exemplo menos dramático, mas igualmente relevante, pode ser visto no cotidiano de um profissional de marketing que precisa tomar decisões rápidas durante uma campanha publicitária de alto risco. Decidir se deve mudar uma estratégia no meio da campanha, com pressão do cliente e do mercado, exige uma avaliação rápida dos dados e confiança nas habilidades adquiridas através da experiência.

A regulação emocional é outro componente essencial na tomada de decisões sob pressão. Técnicas como respiração profunda, *mindfulness* e até pausas curtas podem ajudar a acalmar a amígdala, permitindo que o córtex pré-frontal funcione melhor. Profissionais que praticam essas técnicas frequentemente relatam uma maior capacidade de manter a calma e a clareza em situações de alta pressão, o que melhora a qualidade das decisões tomadas.

A resiliência também é um fator importante na tomada de decisões sob pressão; profissionais resilientes tendem a lidar melhor com o estresse e a se adaptar mais rapidamente a mudanças inesperadas. A neurociência mostra que a resiliência não é apenas uma característica inata, mas que pode ser desenvolvida ao longo do tempo, através de experiências de vida e práticas que fortaleçam o córtex pré-frontal e melhorem a regulação emocional.

Digamos que você esteja em uma reunião de negócios e precise decidir entre duas opções. O córtex pré-frontal avaliará os prós e contras de cada escolha, permitindo que você tome uma decisão informada. Ao contrário da amígdala, que é rápida e emocional, o córtex pré-frontal é mais lento, mas também mais deliberado. Ele trabalha para equilibrar a resposta emocional da amígdala, garantindo que sua decisão seja uma escolha pensada, não apenas uma reação instintiva. Para evitar esse cenário, é importante fortalecer o córtex pré-frontal e manter o equilíbrio, mesmo em momentos de alta pressão.

Outro excelente exemplo de tomada de decisão sob pressão pode ser encontrado no filme *Apollo 13* (Ron Howard, 1995). A história real retratada no filme mostra como a tripulação e a equipe da Nasa enfrentaram uma situação de crise quando uma explosão danificou a nave espacial a caminho da Lua. Com recursos limitados e tempo escasso, a equipe precisou tomar decisões rápidas e vitais para trazer os astronautas de volta à Terra em segurança.

Nesse cenário, tanto a amígdala quanto o córtex pré-frontal estavam trabalhando intensamente. Os membros da tripulação experimentaram medo e estresse extremos, mas, ao mesmo tempo, precisaram manter a calma e pensar racionalmente para resolver problemas complexos. A combinação de experiência, treinamento e foco ajudou os astronautas na superação da crise, demonstrando como o cérebro pode ser treinado para agir de forma eficaz, mesmo nas situações mais adversas.

Entender a neurociência por trás da tomada de decisões sob pressão é apenas o primeiro passo. Ainda mais importante é que você aplique esse conhecimento no seu dia a dia.

DICAS:

- Crie um kit de decisão sob pressão: pense em criar um conjunto de ferramentas ou estratégias que você possa usar quando estiver sob pressão. Isso pode incluir um bloco de anotações no qual você lista os passos a seguir em uma emergência ou até mesmo uma *playlist* com músicas que ajudem a acalmar e focar sua mente. Ter algo tangível ao qual recorrer pode dar ao seu cérebro um porto seguro, reduzindo a ansiedade e permitindo uma tomada de decisão mais clara e organizada.

- Use a técnica da simulação de cenários: antes de enfrentar uma situação em que você sabe que estará sob pressão, tente simular cenários diferentes. Imagine várias versões do que poderia dar errado e como você reagiria a cada uma delas. Isso não só prepara o seu cérebro para lidar com o inesperado, mas também pode reduzir o impacto emocional quando o estresse real surge, pois você já "viveu" aquela situação mentalmente.

- Desenvolva uma rotina pré-tomada de decisão: profissionais como cirurgiões muitas vezes seguem uma rotina específica antes de entrar em uma situação de alta pressão, como uma cirurgia importante. Pense em criar sua própria rotina pré-tomada de decisão, como respirar profundamente três vezes, beber um copo d'água ou revisar uma lista de prioridades. Essas pequenas ações ajudam a centrar sua mente e a preparar seu cérebro para funcionar de forma mais eficaz sob pressão.

- Tire proveito do "efeito sombra": esse efeito ocorre quando você observa ou participa de uma situação sem estar no centro dos acontecimentos. Tente aplicar isso a sua própria vida, observando como outras pessoas lidam com a pressão, seja no trabalho, em filmes ou documentários. Essa observação pode ajudar a treinar seu cérebro para pensar criticamente em situações de alta pressão, sem o estresse de estar diretamente envolvido.

- Incorpore micropausas em situações de estresse: em vez de esperar até que a situação de pressão acabe para relaxar, pratique a incorporação de micropausas. Pode ser tão simples quanto fechar os olhos por cinco segundos ou dar um pequeno passeio pelo corredor. Essas pausas não só ajudam a desativar a resposta de "luta ou fuga" do cérebro, mas também proporcionam um momento para o córtex pré-frontal retomar o controle, permitindo uma melhor avaliação das decisões.

18

O sono como pilar da saúde cerebral

O sono não é apenas um momento de descanso; é o berço da renovação mental. A cada noite bem-dormida, sua mente se recarrega, se reorganiza e se fortalece para enfrentar o novo dia. Trate o sono com a reverência que ele merece, pois nele reside a chave para a clareza e a vitalidade.

Dormir bem é algo que muitas vezes subestimamos, até o momento em que nos encontramos exaustos, com dificuldades de concentração ou emocionalmente instáveis. Mas o que acontece enquanto dormimos é fascinante e crucial para a nossa saúde mental e física. Nosso cérebro, durante o sono, está longe de estar desligado. Pelo contrário, está trabalhando intensamente para nos manter funcionando bem no dia seguinte.

Quando você deita a cabeça no travesseiro e fecha os olhos, um processo complexo começa no cérebro. As diferentes fases do sono, como o sono leve, o sono profundo e o sono REM, têm funções específicas. Imagine o sono como uma limpeza geral do seu sistema neural, por meio da qual as experiências do dia são filtradas, as memórias importantes são armazenadas e as emoções são processadas.

Por exemplo, já notou como você se sente mais emotivo ou irritado quando não dorme bem? Isso acontece porque a falta de sono afeta a amígdala, uma parte do cérebro envolvida na regulação emocional. Sem o descanso adequado, é mais difícil controlar as emoções, o que pode levar a reações exageradas a situações que normalmente seriam gerenciáveis. É por isso que, após uma noite de sono ruim, você pode achar que tudo parece um pouco mais complicado do que realmente é.

Além disso, o sono desempenha um papel fundamental na nossa capacidade de tomar decisões e resolver problemas. Se você já tentou resolver um dilema complexo após uma noite maldormida, sabe quão difícil pode ser. O córtex pré-frontal, responsável por funções executivas, como o planejamento e o julgamento, fica comprometido quando estamos privados de sono. Então, sabe aquela decisão importante que você precisa tomar? Talvez seja melhor esperar até depois de uma boa noite de descanso.

E não podemos esquecer do papel do sono na memória. Especialmente durante o sono REM, o cérebro consolida as memórias, reforçando o que aprendemos e nos preparando para aprender ainda mais no dia seguinte. É como se o cérebro estivesse arquivando as informações do dia, decidindo o que é importante e o que pode ser descartado. Por isso, quando você está estudando para uma prova ou aprendendo uma nova habilidade, dormir bem é tão importante quanto o tempo que você passa estudando.

Infelizmente, durante muitos anos da minha vida, fui obrigado a dormir menos do que deveria. Ainda criança eu me levantava de madrugada para estar na padaria com meu pai antes das cinco horas da manhã, pois os pães deveriam estar prontos e assados logo ao abrirmos as portas. Mas o que acontece se você não dormir o suficiente? A privação de sono não apenas deixa você mais irritado e com dificuldade de se concentrar, mas também pode ter consequências graves para a saúde. Estudos mostram que a falta de sono pode aumentar o risco de doenças neurodegenerativas, como o Alzheimer. Isso porque o sono faz uma espécie de limpeza no cérebro, removendo proteínas tóxicas que podem se acumular e causar danos no longo prazo.

E como melhorar a qualidade do sono? Pode ser mais simples do que você imagina. Manter uma rotina de sono regular, evitar cafeína à noite e criar um ambiente tranquilo e escuro são passos que podem fazer uma grande diferença. E, se você costuma usar eletrônicos antes de dormir, considere dar uma pausa — a luz azul dos dispositivos pode interferir na produção de melatonina, dificultando o sono.

No fim das contas, cuidar do sono é cuidar do cérebro. E, ao entender como o sono afeta tudo, desde o humor até a memória, podemos começar a valorizá-lo como parte essencial de uma vida saudável e produtiva. Afinal, um cérebro bem descansado é um cérebro que está pronto para enfrentar qualquer desafio que o dia possa trazer.

DICAS:

- Ajuste a temperatura para induzir o sono: o seu cérebro responde à temperatura ambiente para ajudar a regular o sono. Quando você começa a sentir sono, sua temperatura corporal cai ligeiramente, sinalizando ao cérebro que é hora de dormir. Manter o quarto um pouco mais fresco — geralmente entre 18°C e 21°C — pode ajudar a acelerar esse processo. Essa leve queda na temperatura corporal induz uma sensação de relaxamento, facilitando o início do sono.

- Use a respiração 4-7-8 para acalmar a mente: uma técnica simples, mas poderosa, baseada na neurociência, o padrão de respiração 4-7-8 pode ajudar a ativar o sistema nervoso parassimpático, responsável por relaxar o corpo. Inale pelo nariz contando até quatro, segure a respiração por sete segundos e exale lentamente pela boca contando até oito. Essa técnica ajuda a desacelerar o ritmo cardíaco e a liberar tensões, preparando seu cérebro para o sono.

- Crie uma associação mental com o sono: o cérebro adora associações. Um truque eficaz é associar uma certa rotina ou objeto ao ato de dormir. Por exemplo, tomar um banho morno ou ler um livro específico apenas antes de dormir pode sinalizar ao cérebro que é hora de relaxar. Com o tempo, essa associação se fortalece, tornando mais fácil adormecer rapidamente ao seguir esse ritual.

- Experimente a técnica do replay para evitar pensamentos intrusivos: pensamentos intrusivos podem manter você acordado, mas a neurociência sugere que a técnica do replay pode ajudar. Antes de dormir, reserve alguns minutos para visualizar as tarefas do dia seguinte ou qualquer preocupação que esteja na sua mente. Ao dar atenção deliberada a esses pensamentos durante um tempo específico, você esvazia o sistema, permitindo que o cérebro entre em modo de repouso mais facilmente quando você finalmente se deitar.

- Engane o cérebro com a inversão de intenções: esse truque da neurociência pode parecer contraintuitivo, mas funciona. Se você estiver tendo dificuldade para adormecer, tente não se forçar a dormir. Em vez disso, concentre-se em permanecer acordado. Essa técnica, conhecida como inversão de intenções, pode enganar o cérebro. Ao remover a pressão de adormecer, o cérebro relaxa e acaba permitindo que o sono venha naturalmente. Essa prática pode reduzir a ansiedade associada à insônia, criando um ambiente mental mais propício ao descanso.

19

Como o cérebro se alimenta de mudanças

A mente prospera em terreno novo, onde cada descoberta acende faíscas de criatividade e crescimento. Quando se permite explorar o desconhecido, você não só desafia seus limites, mas também expande as fronteiras do que é possível. Abrace a novidade como uma aliada na sua jornada de evolução contínua.

Nosso cérebro é uma máquina fascinante, constantemente em busca de estímulos que o mantenham engajado e ativo. Uma das formas mais eficazes de capturar e manter a atenção do cérebro é através de variedade e novidade. Se você já sentiu uma excitação ao experimentar algo novo, como visitar um lugar desconhecido, um museu, uma cidade diferente, aprender uma habilidade ou até mesmo mudar de rotina, já teve uma amostra de como essas duas forças — variedade e novidade — influenciam nossa mente.

Imagine seu cérebro como uma criança curiosa, sempre à procura de algo novo para explorar. Quando você oferece novas experiências, essa criança fica animada, cheia de energia e motivada a descobrir mais. Isso acontece porque o cérebro é biologicamente programado para buscar inovações e surpresas; é uma estratégia evolutiva que nos mantêm alertas e adaptáveis a mudanças no ambiente.

A necessidade de renovação é profundamente enraizada em nosso sistema neurológico. Quando experimentamos algo novo, nosso cérebro libera dopamina, o neurotransmissor do prazer e da recompensa, e assim nos incentiva a buscar mais dessa experiência. Mas o que realmente é interessante é que a dopamina não é liberada apenas quando alcançamos algo desejado, mas também durante a expectativa de algo novo, o que pode ser muito mais recompensador.

Pense em uma viagem para um destino que você nunca visitou antes. A excitação que você sente ao planejar a viagem, ao pensar nas possibilidades e imaginar as experiências que terá é, na verdade, seu cérebro inundando você com dopamina. Esse neurotransmissor não só reforça o desejo de explorar novas coisas, mas também melhora a memória e o aprendizado, preparando você para absorver tudo o que essa nova experiência trará. Não é incrível?

No cotidiano, essa busca pela novidade pode ser vista em pequenas coisas, como a excitação de começar um novo livro, assistir a um filme que acabou de ser lançado ou experimentar um restaurante novo. Essas pequenas doses de frescor mantêm o cérebro engajado e são uma maneira simples de evitar a monotonia.

Enquanto a novidade se refere a algo nunca antes experimentado, a variedade diz respeito à diversidade de experiências dentro de um contexto familiar. A variedade impede que nossa vida entre em um ciclo repetitivo e sem graça, mantendo o cérebro em estado de alerta e ajudando a evitar o tédio.

Variedade não significa que você precisa de mudanças radicais o tempo todo. Pequenos ajustes no seu dia a dia podem ter um grande impacto. Por exemplo, se você costuma andar sempre pelo mesmo caminho, mudar o trajeto pode oferecer novos estímulos visuais e auditivos, revigorando sua mente. Se você sempre faz as mesmas atividades de lazer, como ler ou assistir à tv, tente algo novo, como aprender uma receita diferente ou praticar um hobby que nunca experimentou antes.

Essas mudanças mantêm o cérebro afiado e curioso, sempre procurando descobrir o que vem a seguir. A exposição a estímulos variados é especialmente importante para a criatividade, pois ajuda o cérebro a fazer conexões inesperadas entre ideias aparentemente não relacionadas.

A busca por novidade e variedade não apenas mantém o cérebro engajado, mas também alimenta nossa motivação e nosso bem-estar. Quando nos acostumamos a uma rotina previsível e monótona, nossa motivação tende a diminuir. O cérebro, que já sabe exatamente o que esperar, entra em um modo de economia de energia, reduzindo a liberação de dopamina e, consequentemente, nosso entusiasmo. Quando decidi estudar direito, por exemplo, já casado e com um filho pequeno, senti uma grande motivação. Meu cérebro saiu do estado de inércia para o de alerta positivo. Graças a isso, consegui ler vários livros em pouco tempo, aprimorar minha habilidade com o idioma e garantir boas notas. Tudo isso enquanto pensava em novas maneiras de conseguir dinheiro para pagar as mensalidades.

Além da dopamina, outros neurotransmissores são produzidos a fim de aumentar a motivação. Essa é uma das razões pelas quais as pessoas frequentemente relatam sentir-se mais felizes e energizadas quando estão envolvidas em atividades novas e variadas, em qualquer área da vida.

Um exemplo clássico disso está em ambientes de trabalho. Funcionários que têm a oportunidade de assumir novos desafios e variar suas atividades tendem a ser mais engajados e produtivos. Isso ocorre porque essas oportunidades alimentam a necessidade do cérebro de receber estímulos novos e variados, evitando a estagnação e o tédio que muitas vezes levam à desmotivação.

Por outro lado, embora a atualização seja essencial para manter o cérebro engajado, também é possível que o excesso de estímulos novos acabe causando sobrecarga. Quando estamos constantemente expostos a mudanças e novidades, sem tempo suficiente para processá-las, o cérebro pode se sentir exausto, o que leva ao estresse e à ansiedade.

Por isso, é importante encontrar um equilíbrio. Enquanto a busca por coisas novas pode ser excitante, também precisamos de momentos de calmaria e familiaridade para que o cérebro descanse e consolide as experiências. Alternar entre momentos de exploração e períodos de estabilidade pode ajudar a manter o cérebro saudável e a evitar o desgaste.

Então, que tal tentar algo novo? Talvez explorar um hobby que você sempre quis experimentar, mudar sua rotina diária ou simplesmente prestar mais atenção nas pequenas novidades ao seu redor. Cada nova experiência é uma oportunidade para o cérebro crescer e se fortalecer, tornando a sua vida mais rica e interessante.

DICAS:

- Reescreva o roteiro: pense nas suas tarefas diárias como cenas de um filme que você dirige. Em vez de seguir o mesmo roteiro todos os dias, reescreva-o de tempos em tempos. Por exemplo, se você sempre começa o dia verificando e-mails, que tal fazer uma caminhada curta primeiro, para acordar o cérebro com novos estímulos? Ou, se o almoço é sempre no mesmo lugar, tente um restaurante diferente ou prepare uma refeição nova em casa. Esse roteiro novo oferece ao cérebro a variedade que ele adora, mantendo você mais engajado e menos suscetível à monotonia.

- Explore a rotina dos outros: há um certo fascínio em saber como outras pessoas vivem, e você pode usar isso a seu favor. Que tal passar um dia tentando seguir a rotina de alguém que você admira? Pode ser uma pessoa famosa ou até um amigo que tem uma vida completamente diferente da sua. Ao experimentar um "dia na vida" de outra pessoa, você oferece ao seu cérebro uma dose saudável de novidade e variedade, além de ampliar sua visão sobre formas diferentes de viver.

- Introduza pequenos desafios de curiosidade: o cérebro adora resolver mistérios e descobrir coisas novas, então por que não lançar pequenos desafios de curiosidade para si mesmo? Por exemplo, escolha uma palavra que você nunca ouviu e pesquise seu significado, ou explore um tópico aleatório na internet por quinze minutos. Esses pequenos momentos de descoberta podem parecer triviais, mas mantêm o cérebro alerta e excitado, além de fornecerem aquela dose extra de dopamina que ajuda a manter a motivação alta.

- Turista na própria cidade: às vezes, o que é novo e excitante está bem debaixo do nosso nariz. Experimente passar um dia como turista na sua própria cidade. Visite bairros aos quais você raramente vai, explore parques que você nunca parou para conhecer ou vá a museus e galerias que sempre quis visitar, mas nunca teve tempo. Esse tipo de atividade oferece ao cérebro uma explosão de novidades, sem a necessidade de grandes mudanças na sua rotina diária.

- Experimente um novo hábito por semana: a variedade não precisa ser drástica. Uma maneira interessante de introduzi-la é pelo método "um novo hábito por semana". Escolha algo simples, como tomar um caminho diferente para o trabalho, adicionar um novo exercício à sua rotina ou cozinhar uma refeição de um país diferente a cada semana. Ao final de um mês, você terá introduzido quatro novos hábitos, proporcionando ao cérebro uma rica gama de novos estímulos e ajudando a manter o tédio bem longe.

20

Como conectar seu cérebro ao corpo para viver melhor

O verdadeiro autocuidado vai além do que se vê; é a prática contínua de nutrir a mente e o corpo. Cada escolha consciente, desde uma noite bem-dormida até os momentos de quietude, é um investimento na sua própria vitalidade. Cuidar de si mesmo não é um luxo, mas uma necessidade para que você possa florescer em todas as áreas da vida.

Autocuidado é uma palavra que se ouve com frequência, mas você já parou para pensar no que realmente significa e como ele afeta o seu cérebro? Mais do que apenas um momento de relaxamento ou um tempo para si, o cuidado consigo mesmo está intimamente ligado ao funcionamento saudável do nosso cérebro. E não, não se trata apenas de técnicas de *mindfulness* ou de exercícios físicos, como já discutimos. O zelo pessoal abrange uma série de práticas que, ao serem compreendidas sob a luz da neurociência, mostram-se poderosas ferramentas para otimizar o bem-estar mental e físico.

Quando falamos de cuidado pessoal, muitas vezes pensamos em atividades como tomar um banho relaxante, ler um livro ou tirar um tempo para descansar. Mas, do ponto de vista da neurociência, a atenção a si vai muito além dessas ações. Ela está ligada à regulação neurológica, que é a capacidade do cérebro de manter um estado equilibrado, mesmo em meio ao estresse ou à ansiedade.

Por exemplo, uma simples caminhada ao ar livre faz mais do que apenas exercitar o corpo. Ela ativa o sistema nervoso parassimpático, responsável por acalmar o corpo e reduzir os níveis de cortisol, o hormônio do estresse. Além disso, a exposição à luz natural regula a produção de serotonina, o neurotransmissor que contribui para a sensação de bem-estar e felicidade. Então, aquela caminhada no parque que você pensava ser apenas um momento de descontração, na verdade, está promovendo uma sinfonia de reações químicas no seu cérebro que ajudam a manter você equilibrado e saudável. Fico realmente maravilhado com esse poder.

Claro, não existe uma fórmula única para o autocuidado. Cada cérebro é diferente, e o que funciona para uma pessoa pode não funcionar para outra. A neurociência nos mostra que a diversidade na autopreservação é essencial para manter o cérebro engajado e evitar a estagnação. Se você sempre faz as mesmas atividades de bem-estar, como assistir a séries ou tirar uma soneca, pode ser que seu cérebro entre em um modo automático e esses hábitos acabem perdendo a eficácia em promover o bem-estar.

Experimente variar suas práticas de autocuidado. Um dia, pode ser a leitura de um livro; no outro, cozinhar uma refeição saudável ou aprender algo novo. Esse "cardápio variado" mantém o cérebro ativo, estimula a liberação de diferentes neurotransmissores e impede que o cuidado com a saúde, por exemplo, se torne apenas mais um item na sua lista de tarefas.

O que você coloca no seu prato também é uma forma de nutrição que afeta diretamente o cérebro. Pesquisas mostram que uma dieta rica em ômega-3, presente em peixes como salmão e sardinha, pode melhorar a função cognitiva e reduzir o risco de depressão. Isso acontece porque os ácidos graxos ômega-3 são essenciais para a construção de membranas celulares no cérebro, facilitando a comunicação entre os neurônios.

Por outro lado, uma dieta rica em açúcar e alimentos processados pode ter o efeito oposto, aumentando a inflamação no cérebro e afetando negativamente o humor e a memória. O autocuidado, portanto, não se limita ao que fazemos em nosso tempo livre, mas também ao que escolhemos comer todos os dias.

Já abordamos o sono em um capítulo anterior, mas vale a pena reforçar sua importância no contexto do cuidado pessoal. Dormir representa um dos momentos mais críticos para o cérebro se restaurar e processar informações. Enquanto repousamos, o cérebro remove toxinas acumuladas e consolida memórias. Isso não só melhora o humor e a clareza mental no dia seguinte, mas também desempenha um papel vital na saúde no longo prazo, reduzindo o risco de doenças neurodegenerativas.

Práticas de autocuidado que promovem um descanso de qualidade — como manter uma rotina regular de sono, evitar telas antes de dormir e criar um ambiente tranquilo — são investimentos diretos na saúde do seu cérebro.

A neurociência também nos mostra que cuidar bem de si mesmo não precisa ser uma prática solitária. Conectar-se com outras pessoas é uma forma poderosa de autocuidado emocional. Quando nos envolvemos em interações sociais significativas, nosso cérebro libera oxitocina, o "hormônio do amor", que promove sentimentos de confiança, empatia e bem-estar.

Portanto, reservar um tempo para estar com amigos, familiares ou até mesmo se engajar em comunidades online pode ser tão vital para o cérebro quanto qualquer outra forma de autocuidado, como reforçado no capítulo 14. Não se trata apenas de ser social, mas de criar e nutrir laços significativos que sustentem a sua saúde mental.

Essas conexões sociais não apenas aliviam o estresse e a ansiedade, mas também ajudam a construir uma rede de apoio emocional que pode ser importante nos momentos difíceis que todos passamos. Em tempos de desafios, saber que você tem com quem contar pode fazer uma grande diferença na forma como seu cérebro processa o estresse e lida com a adversidade.

Por fim, vale lembrar do papel da criatividade na hora de tratar a si mesmo com zelo. Atividades criativas, como escrever, desenhar, tocar um instrumento ou cozinhar, têm o poder de ativar várias regiões do cérebro, proporcionando uma espécie de ginástica mental que alivia o estresse e melhora o bem-estar geral. Engajar-se em atividades criativas permite que o cérebro entre em um estado de fluxo em que o tempo parece passar mais rápido e as preocupações desaparecem temporariamente.

Esse estado de fluxo não só é altamente prazeroso como também é uma forma poderosa de alimentar a mente e o espírito. Ao permitir que sua criatividade flua, você oferece ao cérebro um descanso das pressões diárias, proporcionando um espaço para respirar e se revitalizar.

DICA:

O núcleo accumbens desempenha um papel central no sistema de recompensa e prazer, e é altamente sensível à dopamina. Um truque interessante é usar o conceito de recompensa diferida para engajar essa parte do cérebro de forma mais eficaz. Em vez de buscar gratificação imediata, como ao comer um doce logo após o jantar, tente adiar a recompensa para mais tarde — por exemplo, permitir-se o doce só depois de concluir uma tarefa importante.

Esse adiamento intencional da recompensa aumenta a antecipação, e, quando finalmente a recompensa é recebida, o núcleo accumbens libera uma quantidade maior de dopamina, intensificando a sensação de prazer e satisfação. Com o tempo, essa prática pode ajudar a aumentar a resiliência e a autodisciplina, ao treinar seu cérebro para valorizar mais as recompensas que vêm após um esforço consciente.

Essa técnica não só melhora o prazer associado à recompensa, mas também pode reforçar hábitos saudáveis e produtivos, transformando pequenas mudanças em grandes ganhos para o seu bem-estar.

21

Como o cérebro navega pelo
certo e errado

Quando a dúvida surge e o caminho certo parece nebuloso, lembre-se de que é na clareza da mente que encontramos a luz. Ao honrar seus valores, você não apenas toma a decisão correta, mas fortalece as bases da sua própria integridade. Cada escolha ética é um passo na direção daquilo que você realmente quer ser.

Como advogado, posso dizer que decisões éticas e morais são, sem dúvida, algumas das mais complexas que enfrentamos ao longo da vida. Elas não apenas nos desafiam a considerar o impacto de nossas ações sobre os outros, mas também nos fazem confrontar nossos próprios valores e princípios. Mas como exatamente o cérebro lida com essas questões profundas e, muitas vezes, angustiantes? E como a neurociência pode nos ajudar a tomar decisões mais alinhadas com nossos valores pessoais?

Quando nos deparamos com um dilema ético, o cérebro entra em ação de maneiras interessantes. Duas regiões, em particular, desempenham papéis importantes: o córtex pré-frontal e a amígdala. O córtex pré-frontal, que já discutimos em outros capítulos, é responsável por funções executivas, como o planejamento, o julgamento e o controle dos impulsos. Em decisões éticas, essa região está envolvida na avaliação lógica das opções e das possíveis consequências de cada ação.

Por outro lado, a amígdala, parte do sistema límbico, está associada ao processamento de emoções, especialmente as mais intensas, como o medo e a raiva, como já ressaltado. Quando você enfrenta um dilema moral, a amígdala pode ativar respostas emocionais intensas que podem influenciar sua decisão. Por exemplo, em uma situação em que alguém está sendo tratado de forma injusta, a amígdala pode desencadear uma resposta emocional que leve você a agir em defesa da pessoa, mesmo antes de considerar as implicações racionais dessa ação.

A interação entre essas duas regiões do cérebro — o córtex pré-frontal e a amígdala — é o que muitas vezes torna as decisões éticas tão complexas. Enquanto o córtex pré-frontal tenta abordar a situação de forma lógica e calculada, a amígdala responde com impulsos emocionais que, por vezes, entram em conflito com a razão. Esse conflito interno é o que faz com que tomar decisões morais seja algo que exige tanto da nossa mente.

Uma vez que uma decisão ética é tomada, o cérebro continua seu trabalho, processando as consequências emocionais dessa escolha. O arrependimento é uma das emoções mais comuns após uma decisão moral difícil, especialmente se acreditarmos que tomamos a decisão errada.

De acordo com a neurociência, o arrependimento envolve o córtex orbitofrontal, uma parte do córtex pré-frontal que processa expectativas e avalia o que poderia ter sido diferente se tivéssemos feito outra escolha. Quando sentimos arrependimento, essa área do cérebro revê a decisão tomada, comparando o resultado atual com um cenário hipotético. Esse processo pode ser doloroso, mas também pode ser uma ferramenta poderosa de aprendizado, ajudando-nos a tomar decisões melhores no futuro.

Por outro lado, o perdão — tanto dos outros quanto de nós mesmos — também tem um fundamento neurológico. O ato de perdoar ativa regiões do cérebro associadas ao prazer e ao alívio do estresse, como o núcleo accumbens. Quando perdoamos, liberamos a tensão acumulada e permitimos que o cérebro se acalme, promovendo um estado de bem-estar e paz interior. Em outras palavras, o perdão pode ser visto como um mecanismo de autocuidado, oferecendo ao cérebro uma forma de aliviar a carga emocional e psicológica que acompanha decisões difíceis.

Saber que o cérebro processa decisões éticas de maneiras tão complexas pode nos ajudar a tomar decisões mais alinhadas com nossos valores pessoais. Aqui, quero deixar para você algumas maneiras de aplicar esse conhecimento:

- Reconheça o papel das emoções: saber que a amígdala pode influenciar suas decisões éticas com respostas emocionais intensas permite que você reserve um momento para refletir antes de agir impulsivamente. Pergunte-se: "Estou reagindo a essa situação com base em uma emoção intensa ou estou realmente considerando todas as implicações?".
- Pratique o autoperdão: entender que o arrependimento é um processo natural do cérebro pode ajudar a aliviar a culpa excessiva. Ao perceber que o arrependimento é uma forma do cérebro de aprender com o passado, você pode se concentrar em usar essas lições para melhorar suas decisões futuras em vez de se punir indefinidamente.
- Cultive a empatia consciente: sabendo que o córtex pré-frontal é responsável por avaliar as consequências de nossas ações, você pode se treinar para fazer uma pausa antes de tomar decisões morais, permitindo que essa área do cérebro faça seu trabalho. Refletir sobre como suas decisões impactam os outros e ponderar os possíveis resultados é uma prática que pode ser cultivada com o tempo.
- Use o perdão como ferramenta de liberação: ao entender o impacto positivo que o perdão tem no cérebro, você pode começar a vê-lo como uma prática de autocuidado, em vez de apenas uma questão moral. Perdoar-se e perdoar os outros não significa ignorar as consequências das ações, e sim escolher libertar seu cérebro do fardo do estresse e da negatividade.

Quando você estiver diante do Supremo, ele não vai perguntar sobre o que os outros fizeram com você. Ele perguntará por que você não foi você mesmo. Fomos criados para sermos autênticos, e quando somos, conseguimos identificar com clareza o que é certo e o que é errado. Viver à sombra das opiniões dos outros só vai ofuscar nossa identidade e causar inquietação.

Quando você sabe quem você é, mesmo que suas opiniões não sejam populares, você se conhece de verdade. O maior autoconhecimento vem de ser fiel a si mesmo, de se olhar no espelho e reconhecer suas qualidades e falhas, de trabalhar para melhorar. Não importa o que os outros digam; o que realmente importa é que fomos criados para sermos quem somos.

Lembre-se de que, no final, o cérebro nunca está apenas processando o que é certo ou errado — ele está nos guiando em uma jornada moral que define quem somos e como escolhemos viver. Ao usar a neurociência como um mapa, tenha a certeza de que você vai navegar por essa jornada com mais clareza, compaixão e confiança.

DICAS:

- A dualidade do cérebro — razão *versus* emoção: já parou para pensar em como, diante de uma decisão difícil, você se sente como se estivesse dividido entre a cabeça e o coração? Isso acontece porque, neurologicamente, você realmente está. O córtex pré-frontal, que lida com o raciocínio lógico, entra em conflito com a amígdala, que responde emocionalmente. Em vez de ver essa dualidade como um obstáculo, que tal usá-la a seu favor? Quando enfrentar um dilema moral, tente dar voz a essas duas partes: anote o que seu lado racional diz, depois faça o mesmo com o que suas emoções estão pedindo. Ao colocar os dois em perspectiva, você pode encontrar um caminho que equilibre razão e emoção.
- Espaço de decisão: uma técnica interessante é criar um espaço de decisão mental. Isso envolve literalmente imaginar um espaço neutro, um lugar calmo

onde você pode colocar as opções lado a lado, sem pressão. Visualize cada escolha como uma peça que você pode observar de diferentes ângulos. Esse distanciamento visual pode acalmar a reatividade da amígdala, permitindo que o córtex pré-frontal tenha mais tempo para processar as informações com clareza. Esse exercício é especialmente útil quando se trata de decisões que envolvem dilemas éticos, em que o estresse pode atrapalhar o julgamento.

- O poder da atenção plena na ética: muitas vezes, tomamos decisões rápidas sem realmente considerar as implicações éticas. A prática da atenção plena, ou *mindfulness*, pode ser uma ferramenta poderosa aqui. Ao treinar para estar presente no momento, você pode desenvolver uma maior consciência de como as suas escolhas afetam não apenas a si mesmo, mas os outros. Por exemplo, antes de tomar uma decisão difícil, faça uma pausa e respire profundamente. Isso ajuda a acalmar a amígdala, permitindo que o córtex pré-frontal tenha a chance de avaliar as opções com mais cuidado.

- Explorando o arrependimento futuro: o arrependimento é uma emoção poderosa, muitas vezes sentida quando percebemos que uma decisão foi contrária aos nossos valores. Mas e se você pudesse sentir esse arrependimento antes de tomar a decisão? Tente projetar-se mentalmente no futuro, imaginando como você se sentirá ao olhar para trás em cada opção. Pergunte-se: "Se eu tomar essa decisão, como me sentirei daqui a um mês, um ano, ou até dez anos?". Isso ativa o córtex orbitofrontal, uma área do cérebro associada à antecipação de consequências, e pode ajudar a alinhar suas escolhas com seus valores mais profundos.

Conclusão

A vida é uma viagem; cada pensamento, cada escolha, é uma trilha aberta em um território desconhecido. O cérebro, com sua incrível capacidade de adaptação e resiliência, é o guia dessa jornada. Ao confiar na força da sua mente, você descobre que não há caminho intransponível nem destino inalcançável.

Lá no começo deste livro, compartilhei um pouco da minha história, das ruas da Maré aos diversos cenários que encontrei ao longo da vida. Cada um desses lugares trouxe desafios únicos, mas uma lição permaneceu constante: o que realmente faz a diferença é a maneira como a mente responde ao que nos acontece.

Ao longo destas páginas, exploramos o cérebro como o motor que nos impulsiona, transformando desafios em oportunidades e nos dando a força necessária para continuar, mesmo quando tudo parece difícil. Agora que estamos chegando ao fim desta leitura, é importante reforçar que todas as experiências, dificuldades e conquistas começam e terminam dentro da mente.

A forma como lidamos com os altos e baixos da vida define quem nos tornamos. Falamos sobre como o córtex pré-frontal ajuda a tomar decisões racionais e sobre como a amígdala nos auxilia a enfrentar medos. Essas são as ferramentas que a neurociência nos oferece para entender e direcionar o rumo de nossas vidas.

Desde os primeiros anos na Maré até as experiências mais recentes, ficou claro para mim que o cérebro tem uma capacidade única de adaptação e superação. Não se trata apenas de sobreviver, mas de reescrever a própria história e transformar a dor em força.

O que realmente espero que fique com você ao final deste livro é a certeza de que, com o cérebro como aliado, é possível alcançar muito mais do que se imagina. Dentro de cada um de nós existe uma força capaz de mover montanhas, e essa força está diretamente ligada à maneira como cuidamos da mente, cultivamos o conhecimento e enfrentamos os desafios que surgem no caminho.

Ao longo do livro, foram oferecidas várias dicas e sugestões de como colocar o conhecimento da neurociência em prática, desde maneiras de lidar com o estresse até formas de cultivar hábitos que fortalecem a mente. A chave para transformar essa teoria em realidade é a prática contínua. Aplicando essas dicas no dia a dia, mesmo que com um pequeno passo de cada vez, as mudanças significativas começam a aparecer na forma como enfrentamos desafios e perseguimos objetivos.

Antes de encerrar, gostaria de fazer um convite. Essa troca de ideias não precisa terminar na última página. Para quem desejar continuar esse aprendizado e essa conversa, minhas redes sociais estão abertas. Lá, podemos seguir explorando juntos o poder da neurociência de transformar vidas, uma escolha por vez.

Siga em frente, use tudo o que aprendeu aqui para construir o futuro que você deseja e lembre-se: todo o potencial começa e termina dentro do próprio cérebro. Se eu consegui, você também consegue! Vamos juntos nessa caminhada.

Fontes Inria Sans e Dante MT
Papel Alta Alvura 90 g/m2
Impressão Imprensa da Fé